伊藤裕子・相良順子 著
Yuko Ito & Junko Sagara

中高年期の夫婦関係

結婚コミットメントと
ジェネラティヴィティの視点から

Marital
Relationship
in Middle to
Old Aged
Couples

ナカニシヤ出版

まえがき

　本書は3種の調査研究をもとにしたものから成る。1つは文京学院大学総合研究所の助成（2008年）を受け，中年期から高齢期の対象者からデータを得たものである。もう1つも文京学院大学総合研究所の助成（2013年）により，おもに中高年期の夫婦からデータを得た。さらに，日本学術振興会科学研究費の補助金を得て，2014〜2016年に調査を実施し，高齢期のデータを厚くすると同時に（2014年），比較対象として子育て期からもデータを得た（2015年）。さらに，2016年にはコミットメント尺度の妥当性検証として質的データも得ることができた。前書『夫婦関係と心理的健康：子育て期から高齢期まで』（ナカニシヤ出版，2014）とは内容的に全く重ならない。聞き慣れない言葉ではあるが，結婚コミットメントとジェネラティヴィティを中心としたものである。

　ここ最近の政府見解で「女性の活躍」がいわれ，女性が働くことが推奨されてきた。また，保育・教育に関わる施策も次々と打ち出され，ワーク・ライフ・バランスの観点から，長時間労働の是正が標榜されている。2000年以前とは隔世の感がある。それもこれも人口減少＝労働力不足から来たものである。

　「子育てをしない男を父とは呼ばない」と当時の厚生省（現厚生労働省）がキャッチコピーを作り，男性の育児休業取得や子育て参加を促したものの，わが国における性別役割分業は顕著で，労働環境が変わらない限り，稼得役割を担わされている男性の意識は変わるものではない。それがここ最近の若い子育て期夫婦の姿はどうであろう。男性がバギーを押したり，子どもを抱く姿は普通にみられるようになった。しかし，家庭の中ではどうであろうか。

　子育て世帯が抱える問題は重要であるが，男性と女性の，すなわち夫婦の姿は多く自分の親から学ぶ。親子関係の研究は古くからなされてきたが，夫婦の関わり，コミットメントがどうであるかなど，夫婦研究について臨床以外ではわが国ではほとんど研究されてこなかった。日本において心理学領域での実証的な研究は1990年代に入ってからである。臨床的な問題を抱えた夫婦ではなく，

ごく普通の夫婦にとって，どのようなあり方が夫婦関係満足度や心理的健康をもたらすのかようやく問題とされるようになったのである。

　本書で扱っているのは中高年期である。長寿命化が進行し，シニアと呼ばれる60代・70代の団塊世代の存在が大きい。核家族を含む拡大家族は今や少数派となり，夫婦のみの世帯あるいは一人世帯が半数を占める。子どもを育て終えた夫婦二人だけの長い生活がある。これまで核家族や拡大家族の中でまぎれていたことが，夫婦二人になってその関係性が露呈してくるといえよう。それゆえ，これから益々夫婦研究は重要になってこよう。

　また，中年期の課題であるジェネラティヴィティが，長寿命化・高齢化とともに中高年期で多く扱われるようになった。ジェネラティヴィティと夫婦関係についてこれまでほとんど扱われてこなかったが，男女の違いや関係のあり方がどうジェネラティヴィティに影響するのかも本書では検討された。

　本書のもとになった調査は，多くの方々の協力を得て実施されたものである。直接回答された方々はもちろんのこと，快く調査を引き受けて下さった学校を含む諸機関の関係者の方々にも厚く御礼申し上げたい。本書は日本学術振興会科学研究費（研究成果公開促進費）の助成を受け刊行されるものであるが，申請を含め，さまざまな手続きと本書の刊行に，絶えず温かい励ましと助力を惜しまれなかったナカニシヤ出版の山本あかねさんに改めてお礼を申し述べたい。本書がこれからの夫婦研究と，また実際の夫婦のより良い関係構築のための一助になれば幸いである。

2018年4月

伊藤裕子
相良順子

目　次

まえがき　i

序　章　研究の目的と調査の概要………………………伊藤裕子……　1
　　　　1節　本書が目指すもの　1
　　　　2節　本書の調査概要　8

第Ⅰ部　中高年期と子育て期の結婚コミットメント

第1章　結婚コミットメント尺度の作成：中高年期夫婦を対象に
　　　　　　　　　　　　　　　　　　　　………伊藤裕子……　31
　　　　1節　結婚コミットメント尺度の作成　31
　　　　2節　結婚コミットメントと配偶者との関係性　39
第2章　中高年期夫婦における結婚コミットメントと精神的健康
　　　　におけるジェンダー差……………………………伊藤裕子……　44
第3章　結婚コミットメントからみた中高年期の夫婦関係
　　　　　　　　　　　　　　　　　　　………伊藤裕子……　52
第4章　子育て期の子どもをもつ夫婦の結婚コミットメント：
　　　　子の存在は離婚を思い止まらせるか……………伊藤裕子……　62
第5章　子育て期と中高年期の結婚コミットメント……伊藤裕子……　76
　　　　1節　子育て期の結婚コミットメントと夫婦関係：意見の一致を中
　　　　　　心に　76
　　　　2節　子育て期と中高年期の結婚コミットメント　78

第Ⅱ部　中高年期におけるジェネラティヴィティ

第6章　中高年期におけるジェネラティヴィティの構造とジェンダー差
　　　　　　　　　　　　　　　　　　　　………相良順子……　83
　1節　中年期におけるジェネラティヴィティの構造とジェンダー差　　84
　2節　ジェネラティヴィティの年代差とジェンダー差　　88
　3節　中年期女性のジェネラティヴィティと達成動機：就業形態による差異　90

第7章　中年期の結婚コミットメントがジェネラティヴィティと主観的幸福感に及ぼす影響………………………伊藤裕子……　98

第Ⅲ部　夫婦関係と心理的健康

第8章　中高年期の夫婦関係における低勢力認知………相良順子……　111
　1節　低勢力認知尺度の作成とジェンダー差および世代差　　112
　2節　中高年期の夫婦における低勢力認知と離婚願望：ペアデータの分析から　　116

第9章　中高年期の夫婦関係と精神的健康指標のジェンダー差
　　　　　　　　　　　　　　　　　　　　………伊藤裕子……　119

第10章　夫婦関係における親密性の様相………………伊藤裕子……　128

論文掲載誌一覧　　147
付　録
　（2008年調査）夫婦の関係と生活意識に関する調査　　153
　（2013・2014年調査）夫婦の関係と生活意識に関する調査　　162
　（2015年調査）家庭と家族に関する調査　　170
　（2016年調査）夫婦の関係と生活意識に関する調査　　178
索　引　　185

序　章　研究の目的と調査の概要

1節　本書が目指すもの

1．家族・夫婦を取り巻く社会状況の変化

　「保育園落ちた。日本死ね！」に象徴されるように，慢性的に保育所不足が叫ばれる中で，今日，子どもをもって母親が働くことは特別なことではなくなった。18歳未満の子どもがいて仕事をしている母親の割合が7割に上り，かつ，そのうちのかなりの者が非正規で働いている。正規の割合は子どもが何歳でも2割前後で変化はなかった（厚生労働省，2016）。

　近代家族の成立（落合，1997）によって職と住が分離し，都市化，核家族化が進展すると，性別による役割の分業が生じ，都市部には専業主婦といわれる階層が生まれた。女性の専業主婦化が最も著しかったのは1970年代といわれる。働く既婚女性が増え始めたのは1970年代も後半，1980年代に入ってからで，その背景には第二次産業（製造業）から第三次産業（サービス業）へと産業構造の大きな転換があったからである。

　しかし，働く多くの既婚女性にとって，家庭役割が軽減されないまま職業役割を担うことになり，新性別役割分業（「男は仕事，女は仕事と家事・育児」）といわれるような役割過重の問題が生じてきた。近年，若い女性世代（20代）で性別役割分業（「男は仕事，女は家事・育児」）を支持するという逆行現象がみられるようになったが，「仕事も家事・育児も」一手に担わされてはたまらないという悲鳴が，女性の専業主婦願望を叶えるような収入のある配偶者を見つけるため，結果的に晩婚化へと繋がっていると考えられる。

　日本人の労働時間の長さは群を抜いており，一方，6歳未満の子をもつ夫の7割が育児をしていない（内閣府男女共同参画局，2016）。実際に夫が家事や育児に費やす時間は1日67分で，先進国中で最低水準である（内閣府，

2016)。"ワーク・ライフ・バランス"が叫ばれるようになったが，山口（2009）によると，夫の家事・育児への助力がある場合とそうでない場合では，第二子出産の割合が違ってくるという。かつてに比べれば子育てや介護に関わる男性が増えたとはいえ（伊藤，2017），それらケア役割（平山，1999）の大半を担うのは依然として女性であることに変わりはないからである。

2．中高年期の伸展と数の増大

　中年期から高齢期にかけて，近年の家族・夫婦に起こっている出来事として，夫婦二人で過ごす期間が長期化していることが挙げられる。平均寿命の大幅な伸展と少産化による子育て期の短縮により，次世代の育成が終了した後，医療や介護を必要とする段階に入るまでの，義務から解放され，しかもまだ活力のある期間が夫婦ともに伸長した。さらに家族形態の変化により，かつて核家族が増大したことで，子どもが独立し離家した後，65歳以上の高齢者がいる世帯では，単独世帯と夫婦二人世帯が半数を占め，三世代世帯が今や少数派に転落した。夫婦二人で過ごす世帯が増大しているのである。

　雇用されて働く者が大半を占める今日では，定年退職を迎えた後，これまで仕事に費やされてきた時間は自らのものになる。また，多くの場合，中年期の終わりには実質的な親役割は終了する。こうして職業役割，親役割を終えた後に残るのは配偶者役割であろう。他方，後期高齢期に入るまでの60代から70代前半を若本・無藤（2006）はポスト中年期と呼んでいる。また，日本老年医学会も65歳から74歳までの前期高齢期を准高齢期と呼び，体力もあり，比較的健康に過ごす者が多く見受けられることから，（後期）高齢期とは区別することを提案している。

　職業役割，親役割から解放され，しかもまだ活力のあるポスト中年期の夫婦関係がどのようなものであるのか，中高年期の離婚の増大がいわれて久しいが，夫婦関係（結婚）満足度の低い妻や夫はどのように適応を図っているのか，中年期から高齢期に至る夫婦関係についての心理学領域における実証的研究は圧倒的に不足している。

3．夫婦関係に関する心理学的研究の現状

これまで日本の心理学では，家族に関する研究といえば親子関係が中心で，なかでも子どもの発達に及ぼす母親・父親の影響というように，子どもを中心にすえた研究がもっぱらだった。結婚生活や夫婦関係に関する実証的な研究は，家族社会学を中心にこれまで成果が蓄積されてきたが，心理学領域においてはきわめて限られたものだった。これに対して米国では，*Journal of Marriage and the Family*を筆頭に，*Human Relations*など数多くの研究誌が古くから発刊され，それらの研究の歴史は長い。

わが国では，結婚生活や夫婦関係に関する心理学領域での実証的な研究が現れるのは1990年代になってからである。1つは，家庭や家族に起こる出来事，あるいはその構成員が抱える問題にどう対処するかというアプローチに関する研究といえる。すなわち，働く既婚女性の増大に伴う女性の多重役割問題（土肥・広沢・田中，1990；福丸，2000；ほか）や，子どもの精神的健康に及ぼす夫婦関係の影響（菅原・小泉・菅原，1998）などの研究がみられるようになってきた。もう1つは，1980年代からのジェンダー研究の流れを汲むもので，家庭内労働の意味を問い直したり（平山，1999），家事労働の分担の公平性に関する認知を扱う（諸井，1996）ほか，例えば，同じ家族状況にあっても，女性と男性が経験する生活世界において，活用するネットワークやサポート源が男女でどう異なってくるか（川浦・池田・伊藤・本田，1996）をジェンダーの視点から比較していくというアプローチが，既婚者や夫婦を対象に行われるようになった。

それが1990年代の終わりから2000年代になると，夫婦関係や夫婦関係（結婚）満足度，夫婦関係が精神的健康に及ぼす影響など，夫婦関係そのものを扱う研究が現れてきた。夫婦関係（結婚）満足度とその差異をもたらす要因（柏木・平山，2003a；池田・伊藤・相良，2005；相良・伊藤・池田，2008；ほか），夫婦のコミュニケーション（難波，1999；平山・柏木，2001，2004；伊藤・相良・池田，2006，2007；ほか），結婚生活における異文化間調整過程（矢吹，1997），精神的健康に及ぼす影響（伊藤・池田・川浦，1999；伊藤・相良，2012a；伊藤・下仲・相良，2009；詫摩・八木下・菅原・小泉・菅原・北村，1999）など多くの研究が行われるようになり，さらに，ジェンダーの視点か

ら夫婦関係を扱ったもの（伊藤・池田・相良，2014），高齢期の夫婦関係（宇都宮，2004），恋愛から配偶者の死までを扱った夫婦の生涯発達心理学（宇都宮・神谷，2016）などの成書も著された。

　このように日本では，ようやく1990年代に入ってから結婚生活や夫婦関係に関する心理学領域での実証的研究が緒に就いたといえるが，研究が立ち遅れた原因として，柏木・平山（2003b）は，1つには，夫婦関係より親子関係を重視する日本人の家族観の影響，もう1つは，DV防止法成立以前の夫婦に対する考え方に典型的に表れているように，「夫婦の問題」は特殊な個別的問題であるというとらえ方だという。そのため家族が抱える問題は，家族という閉じたシステム内で生じる個別的・臨床的な問題として扱われてきた。

　しかし，「近代家族」に代表される，今日私たちが目にする家族や夫婦のあり方は歴史的社会的産物であり，社会変動にさらされながらそれぞれの家族・夫婦の適応が探られてきたといえる。

4．結婚コミットメントとは

　イエ（縦の関係）を中心としたこれまでのわが国における家族関係は，横の関係である妻と夫のパートナーシップを必ずしも育んでこなかった。子育て期は妻・夫ともそれぞれの活動に多忙で，夫婦の関係がさほど問題にならなかったが，中年期も後期になると夫婦で過ごす時間が増え，改めてそれまでの夫婦のあり方が問われてくる。中高年期における離婚の増加も，このことが背景にあると考えられる。

　結婚生活の継続の質をとらえる指標としてコミットメント（commitment）がある。宇都宮（1999）によれば，コミットメントには2つのレベルがあり，1つはシステムの安定で，結婚の機能性が確保されているか否かに関するものである。他の1つは親密性に基づくもので，今日でこそ結婚は第一義的に愛情や信頼に基づくものと考えられるが，システムの安定にとってそれを不可欠と考えるか否かである。恋愛関係と異なり，夫婦関係は親密性を欠いても関係を維持しうるからである（池田ら，2005）。その意味でコミットメントは，どのような態度で結婚生活に関わっているかであり，夫婦関係の継続のあり方を問うものである。

結婚生活におけるコミットメントはいくつかの次元から構成されていると考えられる。Johnson, Caughlin, & Huston（1999）では，関係に留まりたいと思う「個人的コミットメント」，関係を続けることを道徳的に義務と考える「道徳的コミットメント」，関係に留まることの拘束感ともいえる「構造的コミットメント」の3領域から成るとされる。Adams & Jones（1997）では，熱愛と個人的な献身に基づいた「配偶者へのコミットメント」，道徳的な義務感，遵守すべき制度としての「結婚へのコミットメント」，関係を解消しにくくさせるような外的要因の主観的評価で「罠にかかった気分」の3因子が報告されている。

　わが国で最初に結婚コミットメントを取り上げたのは宇都宮（2005）で，配偶者への愛情や信頼から成る「人格的コミットメント」，結婚の機能と離婚に関する「機能的コミットメント」，結婚に対する諦めを含む「非自発的コミットメント」の3因子が抽出された。これは中高年期の夫婦を対象としたものだが，すでに子育て期において，結婚満足度の低い妻で，「個人としての関係」を諦め，「役割としての関係」のみで配偶者との関係を継続していく機序が明らかにされている（池田ら，2005）。家族や家庭の安定，なかでも子どものために，夫婦の親密性を諦め結婚に踏み止まることが日本の夫婦にはみられてきた。

　Allen & Meyer（1990）は，さまざまな組織における組織コミットメントとして，情緒的愛着により組織に関与したいとする「情緒的コミットメント」，経済的理由から，あるいは他に代替するものがないために組織に留まる必要がある「継続的コミットメント」，義務感や規範意識，道徳的観念から組織に関与しなければならないとする「道徳的コミットメント」で構成される3次元組織コミットメント・モデルを提唱しているが，結婚コミットメントも構造的にはこれとかなり類似したものだといえる。それゆえ，結婚は夫婦の親密性からのみ成り立つわけではなく，機能性，さらには社会的（規範的）あるいは道徳的関係から維持されていることが分かる。

　ところでわが国における発達的視点からの夫婦研究は歴史が浅い（柏木・平山，2003b）。結婚コミットメントについての研究も，海外では比較的多く取り上げられてきたが，成人前期の求婚期や新婚期に集中している。結婚生活を

長く続けてきた中年期や，まして高齢期においては，結婚生活へのコミットメントは結婚当初とは当然異なってくると考えられる。

5．中高年期のジェネラティヴィティ

中年期の課題として挙げられるものにジェネラティヴィティ（generativity）がある。Erikson（1950）は「次世代を確立させ導くことへの関心」と定義し，心理・社会的発達段階のうちの中年期の課題とした。Kotre（1984）によれば，ジェネラティヴィティには，自己発展的な自己の存在様式である個体性と，社会の中で相互に求め合う関係性の2つの様相があるとされ，これに基づきMcAdams & de St. Aubin（1992）は，ジェネラティヴィティを「個体性と関係性への欲求を基本とした，創造性（creativity），世話（offering），世代継承性（maintaining）への関心および行動」と定義している。

ジェネラティヴィティにはジェンダー差がみられることが報告されており，それは人が社会的な役割を通じて，具体的には仕事や家事・育児を通じて期待されるものだからである。Keys & Ryff（1998）は，年齢，性別，教育歴といった社会構造に関する要因がジェネラティヴィティに与える影響を検討し，中年期以降で，また男性より女性で，教育歴の高い人ほどジェネラティヴィティが高いことを報告している。一般に，ジェネラティヴィティは男性より女性で高い傾向にあるというが（McAdams & de St. Aubin, 1992），わが国でもジェネラティヴィティのあり方が男女で異なることが考えられる（串崎，2005）。

近年，わが国では高齢化がすすみ，社会の第一線から退いたもののなお活動的で意欲も高い高齢者が増えてきた。このため，高齢期におけるジェネラティヴィティに関心が集まっている（e.g., 小澤，2013；田渕・権藤，2011；田渕・中川・権藤・小森，2012）。そしてアイデンティティ同様，ジェネラティヴィティも自尊感情や精神的健康と高く関連する（下仲・中里・高山・河合，2000；田渕ら，2012）。

ジェネラティヴィティを測る尺度として，McAdams & de St. Aubin（1992）がその概念モデルに基づき，Loyola Generativity Scale（LGS）とGenerative Behavior Checklist（GBC）を作成している。わが国では，丸島（2005），丸島・有光（2007）により，LGSとGBCを翻訳した日本語版世代性意識尺度と世代性

行動尺度が作成された。その後，田渕ら（2012）は，LGSを大幅に翻訳し直し，「次世代の世話と責任」「コミュニティや隣人への貢献」「次世代のための知識や技能の伝達」「長く記憶に残る貢献・遺産」「創造性」の5因子を抽出している。

本研究では，適応の指標として中高年期の課題といえるジェネラティヴィティを取り上げ，夫婦関係がジェネラティヴィティと心理的健康にどのように影響するかを明らかにする。

6．本書の構成と取り上げる問題

本書は3部の構成から成っている。第Ⅰ部は，結婚コミットメントで，結婚コミットメント尺度を作成し，その上で中高年期の夫婦関係，子育て期の夫婦関係を述べ，そして両期の結婚コミットメントを比較した。第Ⅱ部は，ジェネラティヴィティを取り上げ，ジェネラティヴィティそのもののジェンダー差と，結婚コミットメントがジェネラティヴィティに及ぼす影響のジェンダー差を述べた。第Ⅲ部は，夫婦関係における勢力および親密性について論じた。

第1章から第3章では，中高年期夫婦を対象に，なぜ結婚生活を継続しているのか，すなわち結婚コミットメントの内容を明らかにし，尺度を作成した。そして配偶者をどのように意味づけているかなど，結婚コミットメント尺度の妥当性を検討した。さらに，仲の良くない夫婦，愛情のある仲の良い夫婦の他に，一緒になった以上「夫婦とは添い遂げるもの」という高齢期に特徴的な型があると考え，結婚コミットメントによる型の抽出を試みた。

第4・5章は，小学生の子どもをもつ子育て期の結婚コミットメントを取り上げた。子どもの貧困が叫ばれるなか，その多くがシングル・マザーによるもので，離婚した母親のみならず，離婚を考えているが結婚をまだ継続している母親が，結婚生活をどのように考えているか，子どもの存在が離婚の抑止要因になっているのかを検討した。

第6・7章は，第Ⅱ部で，ジェネラティヴィティを中心に検討した。第6章では，ジェネラティヴィティの構造と年代差・ジェンダー差をみた。また，ジェネラティヴィティと達成動機との関連を，中年期女性を対象に，就業形態によってジェネラティヴィティが異なるかを測定することでみた。さらに，第7章で

は，結婚コミットメントがジェネラティヴィティに及ぼす影響が女性と男性で異なるのかを検討した。

　第Ⅲ部は少し様相を異にするが，これまであまり扱われてこなかった夫婦関係における問題を取り上げた。第8章では，夫婦関係における重要な変数であるにもかかわらず，日本の研究では取り上げられてこなかった勢力（power）について，特に自分が低勢力だと認知することが夫婦関係にどう影響するのかをみた。第9章では，夫婦関係において従属変数として取り上げられる精神的健康指標への反応が，男性と女性ではポジティブな変数とネガティブな変数で異なるのではないかという疑問から検討を試みた。重要だが，これまであまり取り上げられてこなかった問題である。さらに，第10章では，夫婦関係における情緒的な側面である「親密性」について，親密性の揺らぎという点からいくつかの事象を取り上げ論じた。

　本書は，前書『夫婦関係と心理的健康：子育て期から高齢期まで』（ナカニシヤ出版，2014）の後に行った，主に中高年期夫婦を対象にした調査結果をまとめたものである。学会発表も一部含まれるが，現時点での研究成果である。これからさらにわが国における夫婦研究が蓄積されていくことを望むものである。

2節　本書の調査概要

　本書は5つの調査から成る。2008年の調査概要は，前書『夫婦関係と心理的健康：子育て期から高齢期まで』（伊藤・池田・相良，2014）の序章3節に収録されているが，本書に掲載されている論文は新たなものなので，ここに調査概要を示した。

　2013年から2016年の4つの調査は全く新しい調査である。そのうち2013年調査は，文京学院大学・共同研究の助成を受けたものである。2014年から2016年の調査は，日本学術振興会科学研究費補助金，基盤研究（C）（研究代表者：伊藤裕子）を受託して行ったものである。

（1） 2008年調査
1．調査対象と方法

　調査対象は，子育てをほぼ終えた中年期から高齢期の夫婦とした。大学生の親，大学主催の生涯学習講座および地域貢献講座の受講者，趣味のサークル等の参加者，および研究者の知人を介した人を対象に調査票（夫婦票）を配布した（1,020組）。配布は，学生を介して，あるいは講座受講者・サークル活動参加者に多くは直接依頼したが，一部，郵送による配布も行った。回収は，大学生の親はおもに学生を介して，それ以外は全て郵送によった（回収率44.8％）。

　なお，配布に際しては夫婦間の回答の独立性を保つため，切手を貼り，回答後すぐ封のできるシール付き封筒に別々に調査用紙を入れ，妻票・夫票で用紙の色を違え，2通1組として配布した。その際，夫婦の同定を行うため調査用紙に同一番号を付し，依頼状にその旨を記したうえで，配偶者がいない場合は本人のみの回答でよいことを記した。倫理的配慮として，調査への協力は任意であり，回答したくない項目には回答しなくてよいこと，全ての回答は統計的に処理されるので，個人の回答が特定されることはないことを依頼状に明記した。

　有効票は女性477名，男性437名，計914名で，調査は2008年7～12月に実施された。

2．対象者の属性

　対象者の主な属性を表序-1に示した。年齢はほぼ40代から70代で99％を占め，平均結婚年数は29.5年（SD9.8）だった。配偶者との同別居および離死別では，同居している者が大半で95.1％，別居は1.1％，単身赴任は1.0％だった。また，配偶者と死別している者は1.9％おり，離別0.7％，独身0.2％，無答0.1％だった。対象者が中年期から高齢期であるにもかかわらず離死別者が少ないのは，依頼状に「夫婦関係の調査」と記されていたため，配偶者のいない者が該当しないと考えて回答しなかったからだと考えられる。

　学歴は，表序-1にみるように，男女とも同世代の人々に比べてかなり高い。それは本研究における特に高齢期の対象者が，大学主催の生涯学習講座等の受講者が含まれていたためと考えられる[1]。就業形態は表序-1に示す通りだが，

表序-1 対象者の属性

	男性	女性
年齢（SD）	58.9（9.8）	55.9（9.4）
学歴		
中学・高校	142（32.5%）	200（41.9%）
短大・専門	42（9.6%）	161（33.8%）
大学・大学院	250（57.2%）	114（23.9%）
無答	3（0.7%）	2（0.4%）
就業形態		
経営者・役員	54（12.4%）	12（2.5%）
営雇・正規	185（42.3%）	63（13.2%）
派遣・契約	17（3.9%）	18（3.8%）
パート・アルバイト	18（4.1%）	139（29.1%）
自営業・自由業	47（10.8%）	22（4.6%）
家族従業	2（0.5%）	14（2.9%）
無職・専業主婦	102（23.3%）	206（43.2%）
その他	10（2.3%）	1（0.2%）
無答	2（0.5%）	2（0.4%）
家計収入		
200万未満	11（2.5%）	18（3.8%）
〜400万未満	65（14.9%）	69（14.5%）
〜600万未満	88（20.1%）	97（20.3%）
〜800万未満	82（18.8%）	95（19.9%）
〜1000万未満	72（16.5%）	66（13.8%）
1000万以上	111（25.4%）	115（24.1%）
無答	8（1.8%）	17（3.6%）

　男性では職場で定年退職（早期退職を含む）を迎えたか否かを尋ねている。その結果，「定年になっていない」が46.0%，「定年を迎えた」39.1%，「定年という制度がない，定年とは関係ない」14.0%，無答0.9%だった。定年を迎えた男性のうち6割弱が無職だが，さまざまな形で就業している者も4割いる。女性では半数強が就業しており，夫が定年前の中年期では7割強が就業していた。

　家計収入（家族全体の収入）では，400〜800万円未満に4割が集中しているが，定年前では6割が800万円以上と収入は高く，一方，定年後では，主たる収入源は年金という者と，800万円以上の収入を得ている者（2割強）など階層の分化が著しくなっている。

序　章　研究の目的と調査の概要　*11*

3．調査内容

　中年期から高齢期にかけての夫婦関係と心理的健康について，大別すると4つの領域について尋ねた。なお，使用した調査用紙は巻末資料に掲載した。

　　A．夫婦関係に関わる領域：夫婦のコミュニケーション（会話時間，配偶者への自己開示），夫婦の性的親密性（就寝形態，性交頻度），夫婦の行動（家事分担，共同活動），夫婦の関係（役割意識，愛情，低勢力認知，関係満足度，離婚の意思）
　　B．健康にかかわる領域：心理的健康，身体的健康
　　C．性別役割分業観
　　D．社会的活動
　　E．その他：性別，年齢，配偶者との同別居・離死別，結婚年数，教育歴，定年の状況，就業形態，職種（現在／退職前），家計収入，収入満足度，同居者，要介護者の有無とその相手

A．夫婦関係に関わる領域

　会話時間　夫婦の1日のおよその会話時間を5件法で尋ねた。「1：ほとんどない」「2：1日30分以下」「3：1日30分～1時間くらい」「4：1日1～2時間くらい」「5：1日2時間以上」である。

　配偶者への自己開示　会話時間が夫婦間コミュニケーションの物理的側面だとしたら，配偶者への自己開示はその心理的側面といえよう。伊藤・相良・池田（2007）を参考に，子育てを終えた中年期から高齢期の夫婦が話題にする内容6項目（「7．仕事のこと，職場のこと」を省く）より構成され，普段，配偶者に話したり相談したりすることがどの程度あるかを，「4：よく話す」「3：時々話す」「2：話したことがある」「1：まず話さない」の4件法で回答を求めた。α係数は0.88で，内的整合性は十分高い。

　就寝形態　夫婦の就寝形態について，「1：同室就寝」か「2：別室就寝」かを尋ねた。

　性交頻度　配偶者との性交頻度を，「5：週単位」「4：月単位」「3：年単位」（以上では○～○回と回数を記入），「2：ほとんどない」「1：全くない」の5件法で尋ねた。

家事分担 自分と配偶者で家事をどのように分担しているか,「食事作り」「食事の片付け・洗い」「洗濯」「掃除」の4項目について,「6：ほぼ毎日」「5：週4～5回」「4：週2～3回」「3：週1回」「2：たまに」「1：ほとんどしない」の6件法で,自分の場合と配偶者の場合について尋ねた。α係数は,自分の分担認知では,男性で0.75,女性で0.69,配偶者の分担認知では,男性で0.69,女性で0.74と比較的低かった。

共同活動 「買い物」「外食」「旅行」「趣味・活動」の4項目について,二人で一緒にすることがどの程度あるかを尋ねた。評定は,「4：よくある」「3：時々ある」「2：たまにある」「1：ほとんどない」の4件法で,α係数は0.79と満足できる値であった。

夫婦の役割意識 子育てをほぼ終えた中年期から定年退職を迎えた高齢期の夫婦にとっての夫婦関係・結婚生活を,道具的な役割関係からとらえることを試みた。20項目を作成し,評定は,「4：そう思う」～「1：そう思わない」の4件法である。4因子が抽出され,それぞれ「Ⅰ個別化志向」,「Ⅱ離婚の回避」,「Ⅲ役割の継続」,「Ⅳ稼ぎ手としての夫」と命名された。α係数は,Ⅰ：0.70, Ⅱ：0.69, Ⅲ：0.56, Ⅳ：0.56で,第3,第4因子で項目数が少ないため低くなっているが,尺度の信頼性はあるといえよう。

夫婦の愛情 おもに中年期から高齢期の夫婦を対象にした愛情尺度を作成した。17項目から構成され,評定は,「4：いつもそうだ」～「1：いつもそうではない」の4件法である。主成分分析の結果,16項目より構成された。α係数は0.94で,高い内的整合性が確保されている。

低勢力認知 夫婦間勢力において,意見が対立した場合や都合の優先順位,決定権において夫婦のどちらが優勢かを問うもので（例：「何か用事をしていても配偶者は自分の都合を優先するように言う」),項目内容に同意する程度を低勢力認知とした。5項目からなり,評定は,「4：いつもそうだ」～「1：いつもそうではない」の4件法である。α係数は0.83で,十分な値だといえる。

夫婦関係満足度 結婚・夫婦関係に対する総合的な評価として単一指標による夫婦関係満足度を尋ねた（「ご夫婦の関係について,現在の満足度を10点満点で評価して下さい」)。回答は「1：全く満足していない」～「10：たいへん満足している」の間の当てはまる数字に○をつけるものである。評定を10

段階としたのは，単一指標のため測定の精度を高めるためである。

　離婚の意思　離婚をめぐる状況は，男性と女性で背景が異なるため質問内容は異なっている。男性では，「あなたは配偶者との離婚について考えたことがありますか」という問いで，評定は「１：離婚など考えたことはない」「２：過去に考えたことはあるが，今はない」「３：現在でもそういう選択肢はあり得る」「４：考えており，できれば離婚したい」の４件法である。女性では，「結婚生活について，もし経済的に可能なら'離婚したい'と思いますか」という問いで，評定は「１：全く思わない」「２：あまり思わない」「３：そういう選択肢もあり得る」「４：近い将来したい」「５：今すぐにでもしたい」の５件法である。

B. 健康にかかわる領域

　主観的幸福感　心理的健康の測度として，伊藤・相良・池田・川浦（2003）が作成した主観的幸福感尺度12項目を使用した。評定は「４：非常に○○である」〜「１：全く○○でない」の４件法で，回答の選択肢は質問ごとに異なっている。α係数は0.84と十分高い値であった。

　抑うつ　一般人におけるうつ病の発見を目的に米国国立精神保健研究所（NIMH）が作成したCES-D 20より，日本家族社会学会がディストレスの指標として全国調査に用いた短縮版16項目のうち，内的整合性を低めていた４項目（逆転項目）を除いた12項目を使用した（稲葉，2002）。教示は，この１週間のからだや心の状態について，そのような気分やことがらをどのくらい経験したかを尋ねるもので，「１：全くなかった」「２：週１〜２回」「３：週３〜４回」「４：ほとんど毎日」の４件法で，α係数は.89できわめて高い。

　身体的な健康状態　現在の健康状態について「４：良い」「３：普通」「２：あまり良くない」「１：良くない」の４件法で回答を求めた。

C. 性別役割分業観

　性別役割分業観　世代によって差異がみられ，また，家事分担など性別役割行動に大きくかかわるため分業観を尋ねた。「あなたは'男は仕事，女は家庭'という考え方に賛成ですか」。評定は，「４：賛成」〜「１：反対」の４件法で

ある。

D. 社会的活動

社会的活動　ここで取り上げた活動は，①趣味・余暇活動，②社会活動・地域活動，③学習活動，の3種である。教示は「あなたが現在行っている活動（仕事・職業を除く）についてお答え下さい」とした。活動頻度として，「6：ほとんど毎日」「5：週2〜3回」「4：週1回」「3：月2〜3回」「2：月1回」「1：ほとんどない」の6件法で回答を求めた。また，活動に対する満足度を，「5：とても満足」〜「1：不満」の5件法で回答を求めた。

（2）2013年・2014年調査

調査は中高年期を対象に行ったが，2013年の調査では高齢期の対象者が少なかったため，2014年は高齢期を中心に調査を行った。そのため，2013年に得た調査資料により執筆されたものと，2013年の資料を含め2014年に追加された資料のものが混在している。各論文にはいつの調査で得た資料かを明記した。なお，2013年・2014年とも調査用紙は同様である。調査対象者に重複はない。

1−1．調査対象と方法（2013年調査）

調査対象は中高年期の夫婦で，大学生の親，大学主催の公開講座および生涯学習講座の受講者，公民館に集う各種サークルの参加者に調査票（夫婦票）を配布した(1,015組)。大学生の親は，学生が自宅外で生活している場合は郵送で，自宅通学の場合，学生を通じて配布・回収した。それ以外では回収は全て郵送によった。

夫婦間の回答の独立性を保つため，妻票・夫票を別々の封筒に入れ，調査用紙の色を違え，回答後すぐ封のできるシール付きの封筒に切手を貼り，2通1組として配布した。なお，配偶者がいない場合は，本人のみの回答でよいことを記した。

倫理的配慮として，調査への協力は任意であり，回答したくない項目には回答しなくてよいこと，全ての回答は統計的に処理されるので，個人の回答が特

定されることはないことを依頼状に明記し，可能な場合は口頭でも説明した。

有効回答は女性517名，男性410名，計927名で，調査は2013年6月と10～11月に実施された。

1-2．調査対象と方法（2013年・2014年調査）

調査対象は中高年期夫婦で，上記に加え，シルバー人材センター登録者，自治体主催の生涯学習講座受講者，自治会の役員等に調査票（夫婦票）を配布した（約1,700組）。

有効回答は，女性886名，男性692名，計1,578名であった。調査の時期は，大学生の親は2013年6月，その他は同年10～11月および2014年10～11月であった[2]。

2-1．対象者の属性（2013年調査）

年齢は40～70代で98.0%を占め，平均年齢は男性56.3歳（SD10.0），女性54.1歳（SD10.4），平均結婚年数は男性27.0年（SD9.6），女性26.2年（SD8.6）だった（表序-2）。配偶関係は，有配偶で同居が88.3%，別居2.8%，無配偶で死別4.6%，離別3.6%，独身0.8%だった[3]。就業形態は，男性で最も多いのは常用雇用の51.0%，無職17.3%と経営者・役員15.8%が同程度で，自営・自由業8.3%だった。女性で最も多いのはパート・アルバイトの37.1%，次いで専業主婦32.7%，常用雇用15.5%だった（表序-3）。

なお，本研究の分析対象者は結婚コミットメントに回答した有配偶者840名

表序-2　年齢

	男性	女性	計
30代	2	4	6
40代	115	216	331
50代	172	146	318
60代	57	81	138
70代	52	55	107
80代	8	4	12
無答	4	11	15
計	410	517	927

表序-3　就業形態

	男性		女性	
経営者・役員	65	(15.8%)	7	(1.4%)
常用雇用	209	(51.0%)	80	(15.5%)
派遣・契約	15	(3.7%)	29	(5.6%)
パート・アルバイト	11	(2.7%)	192	(37.1%)
自営業・自由業	34	(8.3%)	19	(3.7%)
家族従業	2	(0.5%)	18	(3.5%)
無職，専業主婦	71	(17.3%)	169	(32.7%)
無答	3	(0.7%)	3	(0.6%)
計	410		517	

（女性444名，男性396名）のみとした。

2-2．対象者の属性（2013年・2014年調査）

　対象者のおもな属性は以下の通りである。年齢は40～70代で95.7%を占め，各年代とも350～400名である。平均年齢は女性59.9歳（$SD=11.8$），男性62.1歳（$SD=11.7$），平均結婚年数は女性31.9年（$SD=11.8$），男性32.4年（$SD=12.3$）であった。配偶関係は，有配偶で同居が88.5%，別居2.0%，無配偶で死別5.3%，離別2.8%，独身1.3%であった[3]。学歴は，男性で最も多いのは大卒で49.9%，次いで高卒の33.7%，女性で最も多いのは高卒で45.3%，次いで短大卒の36.1%であった[4]。就業形態は，男性では常用雇用35.1%と無職34.3%が同程度で，経営者・役員が12.8%であった。女性で最も多いのは無職49.8%，次いでパート・アルバイトの27.3%，常用雇用は10.2%であった。家計収入は，400～800万円未満が40.1%と最も多く，400万円未満が28.0%，800万円超が24.8%であった。

　なお，本研究の分析対象者は結婚コミットメントに回答した有配偶者1,381名（女性727名，男性654名）のみとした。

3．調査内容

　ジェネラティヴィティ　田渕ら（2012）のGenerativity尺度を用いた。田渕ら（2012）では、McAdams & de St. Aubin（1992）の定義によるジェネラティ

ヴィティの下位概念構造と同じ構造として提示されているが，因子間相関が.59〜.92と非常に高く，「遺産」「知識伝達」「世話」「貢献」「創造性」は互いに強く関連し合っている。20項目で，評定は「5：とても当てはまる」から「1：全く当てはまらない」の5件法である。

達成動機　堀野・森（1991）の自己充実的達成動機を用いた。堀野・森（1991）は，「社会的・文化的に価値があるとされたものを成し遂げること」である達成動機を，競争的達成動機と自己充実的達成動機の2側面からとらえており，前者は他者との競争で勝つことによる評価を目指すことであり，後者は他者の評価にとらわれず自分なりの達成規準への到達を目指すことであるとした。本研究では，ジェネラティヴィティという自己発展的な性質を含む概念に関連するのは自己充実的達成動機と予想されることから，自己充実的達成動機のみを扱った。13項目のうち負荷量の低い1項目を除いた12項目で，評定は「5：とても当てはまる」から「1：全く当てはまらない」の5件法である。

結婚コミットメント　結婚生活の継続の質をとらえる指標としてコミットメントがある。Adams & Jones（1997），Johnson, Caughlin, & Huston（1999），Stanley & Markman（1992），宇都宮（2005）を参考に，積極的理由1領域（人格的：項目数7），消極的理由4領域（機能的：同8，諦め・葛藤回避：同7，対社会的・非自発的：同7，道徳的：同4）の計5領域を設定し，日本の中高年期夫婦の結婚の実情に合わせて33項目を作成した。教示は「あなたが結婚生活を継続している理由は何ですか」で，評定は「5：とても当てはまる」から「1：全く当てはまらない」の5件法である。

夫婦の愛情　伊藤・相良（2012b）により作成された16項目から成る夫婦の愛情尺度を用いた（例：「配偶者は私を理解してくれる」「私は配偶者を一人の人間として尊敬している」）。高い信頼性（$\alpha=.94$）と妥当性が確保されている。評定は「4：いつもそうだ」から「1：いつもそうではない」の4件法である。

低勢力認知　相良・伊藤（2010）により作成された低勢力認知尺度で，意見が対立した場合や都合の優先順位，決定権において夫婦のどちらが優勢かを問うものである（例：「何か用事をしていても配偶者は自分の都合を優先するように言う」）。項目内容に同意する程度を低勢力認知とした。6項目から成り，評定は「4：いつもそうだ」から「1：いつもそうではない」の4件法である。

α係数は.83で，十分な値が報告されている。

会話時間 夫婦の1日の会話時間を5件法で尋ねた。「1：ほとんどない」「2：1日30分以下」「3：1日30分～1時間くらい」「4：1日1～2時間くらい」「5：1日2時間以上」である。

個別化志向 中高年期における夫婦の役割意識（伊藤・相良，2010）4下位尺度のうちの1つで，仕事役割や親役割を終えた後は互いに役割に縛られない生き方を志向し，それぞれの生活ペースを尊重しながら互いの行動を拘束しないという内容で5項目から成り，α係数は0.70であった。評定は，「4：そう思う」～「1：そう思わない」の4件法である。

夫婦関係満足度 結婚・夫婦関係に対する総合的な評価として単一指標による夫婦関係満足度を尋ねた（「ご夫婦の関係について，現在の満足度を10点満点で評価して下さい」）。夫婦のこれまでの関係（歴史）が現在のコミットメントに影響すると考え，一部回想法ではあるが，ライフステージの4ないし5時期（結婚当初，子育て期（子どもが幼児～児童期），中年前期（子どもが中学生～高校生），中年後期（子どもが大学生～社会人），夫定年後（60代～））について評定を求めた。回答は「1：全く満足していない」～「10：たいへん満足している」の間の当てはまる数字に○をつけるもので，各時期について評定を求めた。評定を10段階としたのは，単一指標のため測定の精度を高めるためである。

夫の家事分担 自分と配偶者で家事をどのように分担しているか，「食事作り」「食事の片付け・洗い」「洗濯」「掃除」の4項目について，「6：ほぼ毎日」「5：週4～5回」「4：週2～3回」「3：週1回」「2：たまに」「1：ほとんどしない」の6件法で，男性では本人，女性では配偶者について尋ねた。α係数は，男性で0.75，女性で0.74だった。

離婚の意思 離婚をめぐる状況は，男性と女性で背景が異なるため質問内容は異なっている。男性では，「あなたは配偶者との離婚について考えたことがありますか」という問いで，評定は「1：離婚など考えたことはない」「2：過去に考えたことはあるが，今はない」「3：現在でもそういう選択肢はあり得る」「4：考えており，できれば離婚したい」の4件法である。女性では，「結婚生活について，もし経済的に可能なら'離婚したい'と思いますか」という

問いで，評定は「1：全く思わない」「2：あまり思わない」「3：そういう選択肢もあり得る」「4：近い将来したい」「5：今すぐにでもしたい」の5件法である。

性役割観 「男は仕事，女は家事・育児」に代表される性別分業をはじめとする伝統的・規範的な性役割について尋ねた4項目（「男性は外で働き，女性は家庭を守るべきである」「子どもは三歳までは母親の手で育てた方が良い」「男性が一家の主な稼ぎ手であるべきだ」「家事や育児には，男性よりも女性が向いている」）。評定は「4：そう思う」から「1：そう思わない」の4件法である。

主観的幸福感 精神的健康の測度として，伊藤・相良・池田・川浦（2003）が作成した主観的幸福感尺度12項目を使用した。評定は「4：非常に〇〇である」～「1：全く〇〇でない」の4件法で，回答の選択肢は質問ごとに異なっている。α係数は0.84と十分高く，妥当性も確保されている。

その他 性別，年齢，結婚年数，同別居，離死別，学歴，男性の定年の有無，就業形態，職種，家計収入，収入満足度，同居者の有無。

（3）2015年調査
1．調査対象と方法

調査対象者は小学生の子どもをもつ子育て期の夫婦で，調査方法は関東近郊の小学校2校を通じて1～6年の全児童に調査票を配布し，留め置き期間の後，児童を通じ学校にて回収した。夫婦間の回答の独立性を保つため，妻票・夫票を別々の封筒に入れ，調査用紙の色を違え，回答後すぐ封のできるシール付き封筒で2通1組として配布した（1,000組）。なお，配偶者がいない場合は本人のみの回答でよいことを記した。

倫理的配慮として，調査への協力は任意であり，回答したくない項目には回答しなくてよいこと，全ての回答は統計的に処理されるので個人の回答が特定されることはないことを依頼状に明記した。

有効回答は女性509名，男性312名，計821名で（有効回答率41.1%），調査は2015年6月に実施された。

2．対象者の属性

　対象者のおもな属性は以下の通りである。年齢は20～50代で，30～40代が95.0％を占め，平均年齢は男性41.7歳（$SD=5.2$），女性40.1歳（$SD=4.8$），平均結婚年数は男性13.0年（$SD=4.0$），女性13.1年（$SD=4.0$）であった。配偶関係は，有配偶で同居が91.8％，別居1.1％，単身赴任2.3％，無配偶で死別0.4％，離別3.9％，独身0.5％であった。学歴は，男性で最も多いのが大卒で43.8％，次いで高卒で33.9％，女性で最も多いのは短大・専門卒で47.7％，次いで高卒34.0％であった。就業形態は，男性で最も多いのは常用雇用の76.2％，次いで経営者・役員8.9％と自営業・自由業9.3％が同程度であった。女性で最も多いのはパート・アルバイトの44.6％，次いで専業主婦34.0％，常用雇用は12.2％であった。子ども数は二人が最も多く52.4％，三人が23.1％，一人が20.3％であった。なお，本研究の分析対象者は有配偶で，結婚コミットメントに回答した746名である。

3．調査内容

　ジェネラティヴィティ　田渕ら（2012）のGenerativity尺度を用いた。20項目で，評定は「5：とても当てはまる」から「1：全く当てはまらない」の5件法である。

　達成動機　堀野・森（1991）の自己充実的達成動機を用いた。13項目のうち負荷量の低い1項目を除いた12項目で，評定は「5：とても当てはまる」から「1：全く当てはまらない」の5件法である。

　結婚コミットメント　伊藤・相良（2015）が中高年期夫婦を対象に作成した尺度（人格的，諦め・機能的，規範的コミットメント）23項目に，池田ら（2005），伊藤・相良（2010），宇都宮（2005）を参考に，子どもの存在を媒介とした夫婦のコミットメント7項目を追加した計30項目で，評定は「5：とても当てはまる」から「1：全くあてはまらない」の5件法であった。

　夫婦の愛情　人格的コミットメントとの関連を検討するため，伊藤・相良（2012b）により作成された16項目から成る夫婦の愛情一次元尺度を用いた。これはすでに高い信頼性（$\alpha=.94$）と妥当性が確保されている。評定は「4：いつもそうだ」から「1：いつもそうではない」の4件法であった。

低勢力認知　機能的あるいは継続的コミットメントとの関連を検討するため，相良・伊藤（2010）の低勢力認知尺度を用いた。これは意見が対立した場合や都合の優先順位，決定権において夫婦のどちらが優勢かを問うものである。項目内容に同意する程度を低勢力認知とした。6項目から成り，評定は「4：いつもそうだ」から「1：いつもそうではない」の4件法で，α係数は.83（相良・伊藤，2010）と十分な値を示している。

性役割観　規範的コミットメントとの関連を検討するため，男女の役割についての規範意識を尋ねた。伝統的・規範的な性役割について問う4項目で，評定は「4：そう思う」から「1：そう思わない」の4件法，α係数は.76（伊藤・相良，2015）であった。

会話時間　夫婦の1日（平日）あたりのおよその会話時間を尋ねた。「1：ほとんどない」，「2：1日30分以下」，「3：1日30分～1時間」，「4：1日1～2時間」，「5：1日2時間以上」。

意見の一致　子育て期には，子どもをめぐり教育方針やしつけ，住居所有の是非や休日の過ごし方など，さまざまな側面で夫婦の意見が交わされるが，結婚満足度を規定する諸側面の一つとして夫婦の意見の一致について6項目を取り上げた。評定は「5：とても当てはまる」から「1：全く当てはまらない」の5件法であった。

夫婦関係満足度　結婚・夫婦関係に対する総合的な評価として単一指標による夫婦関係満足度を尋ねた。回答は「1：全く満足していない」～「10：たいへん満足している」の間の当てはまる数字に〇をつけるもので，結婚当初および現在について評定を求めた。評定を10段階としたのは，単一指標のため測定の精度を高めるためである。

離婚の意思　離婚をめぐる状況は男性と女性で背景が異なるため質問内容は異なる。男性では，「あなたは配偶者との離婚について考えたことがありますか」で，評定は「1：離婚など考えたことはない」「2：過去に考えたことはあるが，今はない」「3：現在でもそういう選択肢はあり得る」「4：考えており，できれば離婚したい」の4件法，女性では，「結婚生活について，もし経済的に可能なら'離婚したい'と思いますか」で，評定は「1：全く思わない」「2：あまり思わない」「3：そういう選択肢もあり得る」「4：近い将来したい」「5：

今すぐにでもしたい」の5件法であった。

エネルギー投入度 仕事（職業），家庭（子育てを含む），それ以外の活動に費やしているエネルギーや時間について，全体を10としたときのそれぞれに費やす割合を尋ねた。

家事・育児の分担 家事と育児をどのような割合で分担しているか，それぞれについて全体を10としたとき，自分と配偶者の分担割合を尋ねた。なお，ここでは夫の割合だけを取り上げた。

アイデンティティ 中西・佐方（1993）が作成した日本語版EPSI（Erikson Psychological Stage Inventory）の下位尺度のうち，アイデンティティ尺度7項目を用いた。評定は「5：とても当てはまる」から「1：全く当てはまらない」の5件法であった。

主観的幸福感 精神的健康の測度として，伊藤・相良・池田・川浦（2003）が作成した主観的幸福感尺度12項目を使用した。評定は「4：非常に〇〇である」から「1：全く〇〇でない」の4件法で，回答の選択肢は質問ごとに異なっている。α係数は0.84と十分高く，妥当性も確保されている。

その他 性別，年齢，結婚年数，同別居，離死別，学歴，就業形態，職種，収入満足度，子どもの人数，末子の年齢。

（4）2016年調査
1．調査対象と方法

調査対象は，中年期から高齢期の夫婦とした。大学生の親，大学主催の生涯学習講座および地域貢献講座の受講者を対象に調査票（夫婦票）を配布した（300組）。配布は，学生を介して，あるいは講座受講者に多くは直接依頼したが，一部，郵送による配布も行った。回収は全て郵送によった（回収率33.8％）。

なお，配布に際しては夫婦間の回答の独立性を保つため，切手を貼り，回答後すぐ封のできるシール付き封筒に別々に調査用紙を入れ，妻票・夫票で用紙の色を違え，2通1組として配布した。その際，夫婦の同定を行うため調査用紙に同一番号を付し，依頼状にその旨を記したうえで，配偶者がいない場合は本人のみの回答でよいことを記した。倫理的配慮として，調査への協力は任意であり，回答したくない項目には回答しなくてよいこと，全ての回答は統計的

に処理されるので，個人の回答が特定されることはないことを依頼状に明記した。

有効票は女性114名，男性89名，計203名で，調査は2016年10～11月に実施された。

2．対象者の属性

対象者のおもな属性は以下の通りである。年齢は40～80代で，平均年齢は男性70.1歳（$SD=9.8$），女性68.2歳（$SD=9.1$），平均結婚年数は男性40.9年（$SD=11.6$），女性39.2年（$SD=11.4$）であった。配偶関係は，有配偶で同居が83.2％，別居1.5％，無配偶で死別12.9％，離別1.5％，独身1.0％であった。学歴は，男性で最も多いのが大卒で59.1％，次いで高卒で25.0％，女性で最も多いのは高卒で45.6％，次いで短大・専門卒で30.7％であった[4]。就業形態は，男性で最も多いのは無職の75.0％，次いで常雇の12.5％であった。女性で最も多いのは専業主婦の78.1％，次いでパート・アルバイトの11.4％であった。年齢からいって大半が無職の者である。家計収入は400万円未満が51.0％を占めるが，一方で800万円以上の者が13.9％いる。収入満足度は，「まあ満足」を含め満足している者が52.7％で，健康状態も73.3％が「良い」「普通」と回答している。

なお，本研究の分析対象者は，有配偶で関係性ステイタスSCTに回答した146名（女性80名，男性66名）である。

3．調査内容

結婚コミットメント　伊藤・相良（2015）の結婚コミットメント尺度23項目で，人格的，諦め・機能的，規範的コミットメントから成る。α係数は0.84～0.92で，信頼性・妥当性とも確保されている。評定は「5：とても当てはまる」から「1：全く当てはまらない」の5件法である。

夫婦の愛情　伊藤・相良（2012b）により作成された16項目から成る夫婦の愛情尺度を用いた。高い信頼性（$α=.94$）と妥当性が確保されている。評定は「4：いつもそうだ」から「1：いつもそうではない」の4件法である。

低勢力認知　相良・伊藤（2010）により作成された低勢力認知尺度で，意見が対立した場合や都合の優先順位，決定権において夫婦のどちらが優勢かを問うものである。項目内容に同意する程度を低勢力認知とした。6項目から成り，

評定は「4：いつもそうだ」から「1：いつもそうではない」の4件法である。α係数は0.83で，十分な値が報告されている。

会話時間　夫婦の1日の会話時間を5件法で尋ねた。「1：ほとんどない」「2：1日30分以下」「3：1日30分〜1時間くらい」「4：1日1〜2時間くらい」「5：1日2時間以上」である。

夫婦関係満足度　結婚・夫婦関係に対する総合的な評価として単一指標による夫婦関係満足度を尋ねた。回答は「1：全く満足していない」〜「10：たいへん満足している」の間の当てはまる数字に○をつけるものである。評定を10段階としたのは，単一指標のため測定の精度を高めるためである。

配偶者との関係性　宇都宮（2004）の関係性ステイタスSCT（存在の意味づけ6項目，積極的関与6項目）を用いた。評定マニュアルに基づいて型を評定し，結婚コミットメントの妥当性の測定に用いた。

離婚の意思　離婚をめぐる状況は，男性と女性で背景が異なるため質問内容は異なっている。男性では，「あなたは配偶者との離婚について考えたことがありますか」という問いで，評定は「1：離婚など考えたことはない」「2：過去に考えたことはあるが，今はない」「3：現在でもそういう選択肢はあり得る」「4：考えており，できれば離婚したい」の4件法である。女性では，「結婚生活について，もし経済的に可能なら'離婚したい'と思いますか」という問いで，評定は「1：全く思わない」「2：あまり思わない」「3：そういう選択肢もあり得る」「4：近い将来したい」「5：今すぐにでもしたい」の5件法である。

性役割観　「男は仕事，女は家事・育児」に代表される性別役割分業をはじめとする伝統的・規範的な性役割について尋ねた4項目で，評定は「4：そう思う」から「1：そう思わない」の4件法である。

主観的幸福感　精神的健康の測度として，伊藤・相良・池田・川浦（2003）が作成した主観的幸福感尺度12項目を使用した。評定は「4：非常に○○である」から「1：全く○○でない」の4件法で，回答の選択肢は質問ごとに異なっている。α係数は0.84と十分高く，妥当性も確保されている。

その他　性別，年齢，結婚年数，同別居，離死別，学歴，就業形態，家計収入，収入満足度，健康状態，同居者の有無。

■注
1) この他にも，高齢期の対象者では，男女とも趣味のコーラスサークルといってもオーケストラのバックコーラスを務めるような者も多く含まれる。
2) 調査が年度をまたいで行われたのは高齢期のデータが少ないためで，2013年の調査では中高年期夫婦927名，2014年の調査ではおもに高齢期の対象者を651名追加した。
3) 回答者が中高年であるにもかかわらず，離死別者が少なく有配偶者が多いのは，調査依頼書に「夫婦関係の調査」であると記したため，配偶者のいない者は該当しないとして回答しなかったためと考えられる。
4) 全体に学歴が高いのは，中年期においては大学生の親が，高齢期においては大学および自治体主催の公開講座や生涯学習講座等に参加する人々が多く含まれていたためと考えられる。

■引用文献

Adams, J. M., & Jones, W. (1997) The conceptualization of marital commitment: An integrative analysis. *Journal of Personality and Social Psychology*, **72**, 1177-1196.

Allen, N. J., & Meyer, J. P. (1990) The measurement and antecedent of affective, continuance, and normative commitment. *Journal of Occupational Psychology*, **63**, 1-18.

土肥伊都子・広沢俊宗・田中國夫 (1990) 多重な役割従事に関する研究：役割従事タイプ，達成感と男性性，女性性の効果　社会心理学研究，**5**，137-145.

Erikson, E. H. (1950) *Childhood and society*. New York: W. W. Norton & Company. (エリクソン, E. H. 仁科弥生 (訳) (1977) 幼児期と社会Ⅰ　みすず書房)

福丸由佳 (2000) 共働き世帯の夫婦における多重役割と抑うつ度との関連　家族心理学研究，**14**，151-162.

平山順子 (1999) 家族を「ケア」するということ：育児期女性の感情・意識を中心に　家族心理学研究，**13**，29-47.

平山順子・柏木恵子 (2001) 中年期夫婦のコミュニケーション態度：妻と夫は異なるか？　発達心理学研究，**12**，216-227.

平山順子・柏木恵子 (2004) 中年期夫婦のコミュニケーションパターン：夫婦の経済生活及び結婚観との関連　発達心理学研究，**15**，89-100.

堀野　緑・森　和代 (1991) 抑うつとソーシャルサポートとの関連に介在する達成動機の要因　教育心理学研究，**39**，308-315.

池田政子・伊藤裕子・相良順子 (2005) 夫婦関係満足度にみるジェンダー差の分析：関係は，なぜ維持されるか　家族心理学研究，**19**，116-127.

稲葉昭英 (2002) 結婚とディストレス　社会学評論，**53**，69-84.

伊藤裕子 (2017) ケア役割を問う：男性がケアに関わるとき　教育心理学年報，**56**，

282-290.

伊藤裕子・池田政子・川浦康至 (1999) 既婚者の疎外感に及ぼす夫婦関係と社会的活動の影響　心理学研究, **70**, 17-23.

伊藤裕子・池田政子・相良順子 (2014) 夫婦関係と心理的健康：子育て期から高齢期まで　ナカニシヤ出版

伊藤裕子・相良順子 (2010) 中年期から高齢期における夫婦の役割意識：個別化の視点から　文京学院大学人間学部研究紀要, **12**, 163-176.

伊藤裕子・相良順子 (2012a) 定年後の夫婦関係と心理的健康との関係：現役世代との比較から　家族心理学研究, **26**, 1-12.

伊藤裕子・相良順子 (2012b) 愛情尺度の作成と信頼性・妥当性の検討：中高年期夫婦を対象に　心理学研究, **83**, 211-216.

伊藤裕子・相良順子 (2015) 結婚コミットメント尺度の作成：中高年期夫婦を対象に　心理学研究, **86**, 42-48.

伊藤裕子・相良順子・池田政子 (2006) 夫婦のコミュニケーションと関係満足度, 心理的健康の関連：子育て期のペア・データの分析　家族問題相談研究（聖徳大学家族問題相談センター紀要）, **4**, 51-61.

伊藤裕子・相良順子・池田政子 (2007) 夫婦のコミュニケーションが関係満足度に及ぼす影響：自己開示を中心に　文京学院大学人間学部研究紀要, **9**, 1-15.

伊藤裕子・相良順子・池田政子・川浦康至 (2003) 主観的幸福感尺度の作成と信頼性・妥当性の検討　心理学研究, **74**, 276-281.

伊藤裕子・下仲順子・相良順子 (2009) 中高年期における夫婦の関係と心理的健康：世代比較を中心に　文京学院大学総合研究所紀要, **10**, 191-204.

Johnson, M. H., Caughlin, J. P., & Huston, T. L. (1999) The tripartite nature of marital commitment: Personal, moral, and structural reasons to stay married. *Journal of Marriage and the Family*, **61**, 160-177.

柏木惠子・平山順子 (2003a) 結婚の現実と夫婦関係満足度との関連性：妻はなぜ不満か　心理学研究, **74**, 122-130.

柏木惠子・平山順子 (2003b) 夫婦関係　児童心理学の進歩2003年版　金子書房　pp.85-117.

川浦康至・池田政子・伊藤裕子・本田時雄 (1996) 既婚者のソーシャルネットワークとソーシャルサポート：女性を中心に　心理学研究, **67**, 333-339.

厚生労働省 (2016) 国民生活基礎調査の概況（平成27年）http://www.mhlw.go.jp/toukei/saikin/hw/k-tyosa/k-tyosa15/dl/16.pdf（2017年4月25日）

Keyes, C. L. M., & Ryff, C. D. (1998) Generativity in adult lives: Social structural contours and quality of life consequences. In D. P. McAdams & E. de St. Aubin (Eds.), *Generativity and adult development: How and why we care for the next generation*. pp.227-263. Washington, DC: American Psychological Association.

Kotre, J. (1984) *Outliving the self : Generativity and the interpretation of lives*. Baltimore, MD: Johns Hopkins University Press.

串崎幸代（2005）E. H. Erikson のジェネラティヴィティに関する基礎研究：多面的なジェネラティヴィティ尺度の開発を通して　心理臨床学研究，**23**，197-208．

丸島令子（2005）世代性尺度の作成：世代性の関心と行動モデルの測定　心理臨床学研究，**23**，422-433．

丸島令子・有光興記（2007）世代性関心と世代性行動尺度の改訂版作成と信頼性，妥当性の検討　心理学研究，**78**，303-309．

McAdams, D. P., & de St. Aubin, E. (1992) A theory of generativity and its assessment through self-report, behavioral acts and narrative themes in autobiography. *Journal of Personality and Social Psychology*, **62**, 1003-1005.

諸井克英（1996）家庭内労働の分担における衡平性の知覚　家族心理学研究，**10**，15-30．

内閣府（2016）少子化社会対策白書（平成28年版）
http://www8.cao.go.jp/shoushi/shoushika/whitepaper/measures/w-2016/28pdfhonpen/28honpen.html（2017年4月25日）

内閣府男女共同参画局（2016）男女共同参画白書（平成28年版）
http://www.gender.go.jp/about_danjo/whitepaper/h28/zentai/pdf/h28_mokuji.pdf（2017年4月25日）

中西信男・佐方哲彦（1993）EPSI エリクソン心理社会的段階目録検査　上里一郎（監修）心理アセスメントハンドブック　西村書店　pp.419-431．

難波淳子（1999）中年期の日本人夫婦のコミュニケーションの特徴についての一考察：事例分析を通して　岡山大学大学院文化科学研究科紀要，**8**，69-85．

落合恵美子（1997）21世紀家族へ（新版）：家族の戦後体制の見かた・超えかた　有斐閣

小澤義雄（2013）老年期における世代間継承の認識を伴う自己物語の構造　発達心理学研究，**24**，183-192．

相良順子・伊藤裕子（2010）中高年期の夫婦関係における低勢力認知　日本心理学会第74回大会論文集，1323．

相良順子・伊藤裕子・池田政子（2008）夫婦の結婚満足度と家事・育児分担における理想と現実のずれ　家族心理学研究，**22**，119-128．

下仲順子・中里克治・高山　緑・河合千恵子（2000）E. エリクソンの発達課題達成尺度の検討：成人期以降の発達課題を中心として　心理臨床学研究，**17**，525-537．

Stanley, S., & Markman, H. J. (1992) Assessing commitment in personal relationships. *Journal of Marriage and the Family*, **54**, 595-608.

菅原ますみ・小泉智恵・菅原健介（1998）児童期の子どもの精神的健康に及ぼす家族関係の影響について：夫婦関係，父子関係，母子関係，そして家族全体の関係性　安田生命事業団研究助成論文集，**34**，129-135．

田渕　恵・権藤恭之（2011）高齢者の次世代に対する利他的行動意欲における世代性の影響　心理学研究，**82**，392-398．

田渕　恵・中川　威・権藤恭之・小森昌彦（2012）高齢者における短縮版 Generativity

尺度の作成と信頼性・妥当性の検討　厚生の指標，**59**，1-7．

詫摩紀子・八木下暁子・菅原健介・小泉智恵・菅原ますみ・北村俊則（1999）夫・妻の抑うつ状態に影響を及ぼす夫婦間の愛情関係について　性格心理学研究，**7**，100-101．

宇都宮　博（1999）夫婦関係の生涯発達:成人期を配偶者とともに生きる意味　岡本祐子（編）　女性の生涯発達とアイデンティティ：個としての発達・かかわりの中での成熟　北大路書房　pp.179-208．

宇都宮　博（2004）高齢期の夫婦関係に関する発達心理学的研究　風間書房

宇都宮　博（2005）結婚生活の質が中高年者のアイデンティティに及ぼす影響：夫婦間のズレと相互性に着目して　家族心理学研究，**19**，47-58．

宇都宮　博・神谷哲司（2016）夫と妻の生涯発達心理学：関係性の危機と成熟　福村出版

若本純子・無藤　隆（2006）中高年期のwell-beingと危機：老いと自己評価の関連から　心理学研究，**77**，227-234．

矢吹理恵（1997）日米結婚における夫婦間の調整課題：性役割観を中心に　発達研究，**12**，37-50．

山口一男（2009）ワークライフバランス：実証と政策提言　日本経済新聞出版社

第Ⅰ部
中高年期と子育て期の結婚コミットメント

第1章 結婚コミットメント尺度の作成：
中高年期夫婦を対象に

1節　結婚コミットメント尺度の作成

　わが国において平均寿命の延びは著しく，長寿命化によって夫婦二人で過ごす期間が長期化している（厚生労働省，2012）。銀婚式はいうに及ばず，金婚式ですら珍しいことではなくなった。それは二人の長寿を祝うとともに，二人の絆の強さを寿ぐことでもある。しかし，継続期間の長さは単に離婚をしないということであって，結婚生活の適応を意味するものではなく，関係性の質が問題になってくる。

　結婚生活の継続の質をとらえる指標としてコミットメント（commitment）[1]があり，結婚生活の継続を説明する主要な概念として位置づけられている（Rusbult & Buunk, 1993）。宇都宮（1999）によれば，コミットメントには2つのレベルがあり，1つはシステムの安定で，これは結婚の機能性が確保されているか否かに関するものである。他の1つは親密性に基づくもので，システムの安定にとってそれを不可欠と考えるか否かである。後者を重視する者にとって，それを欠いた状態は耐えがたく，同一対象と再体制化を図るか，形骸化した関係から離脱するか，あるいは第一のレベルでのみ適応を図るという方法がとられると考えられる。

　また，結婚におけるコミットメントはいくつかの次元から構成されていると考えられる。既婚者を対象にした研究によると，Johnson, Caughlin, & Huston（1999）では，関係に留まりたいと思う「個人的コミットメント」，関係を続けることを道徳的に義務と考える「道徳的コミットメント」，関係に留まることの拘束感ともいえる「構造的コミットメント」の3領域から成るとされる。

　Adams & Jones（1997）では，熱愛と個人的な献身に基づいた「配偶者へのコミットメント」，道徳的な義務感，遵守すべき制度としての「結婚へのコミッ

トメント」,関係を解消することに伴う人・物の損失をいう「罠にかかった気分」の3因子が報告されている。わが国において最初にこの問題を取り上げた宇都宮（2005）では，配偶者への愛情や信頼から成る「人格的コミットメント」，結婚の機能と離婚に関する「機能的コミットメント」，結婚に対する諦めを含む「非自発的コミットメント」の3因子が抽出されている。なかでも「非自発的コミットメント」と名付けられたこの因子は，結婚生活に過剰な期待を抱かず，諦めながらそこに踏み止まるという意味で，わが国の夫婦に特有のものであると思われる。これらの，特に海外の研究から，結婚におけるコミットメントには少なくとも3つの要素が考えられる。1つは，愛情や信頼に基づいた配偶者個人に向けられた個人的コミットメント，2つ目は，道徳的観点から，あるいは信義や契約といった観点からの道徳的コミットメント，そして3つ目は，結婚を解消することに伴うさまざまな損失に関わるものである（Adams & Jones, 1997；Johnson et al., 1999）。

　そもそもコミットメントという概念は，組織心理学や職業心理学で多く使われてきた。それが会社であれグループであれ，その集団（組織）に関与することで利益や喜びを得たり，所属することで安定感や安心感を得，また，道義的な忠誠や信義を感じる。そして離脱することで，それらを失ったり，場合によっては解放感を得たりもする。Allen & Meyer（1990）は，組織コミットメントが，情緒的愛着により組織に関与したいとする「情緒的コミットメント」，経済的理由から，あるいは代替するものが他にないために組織に留まる必要がある「継続的コミットメント」，義務感や規範意識，道徳的観念から組織に関与しなければならないとする「道徳的コミットメント」で構成される3次元組織コミットメント・モデルを提唱し，尺度が高い信頼性・妥当性を有するかを検証している（Meyer, Allen, & Smith, 1993）。

　今日でこそ結婚は，第一義的に，愛情や信頼に基づくものと考えられているが，歴史的にはそう古いことではない（落合，1997）。結婚生活には道具的な領域と情緒的な領域があり，宇都宮（1999）がいうように，その継続にはシステムの安定と親密性がともに不可欠というものではない。結婚生活の継続は，親密性のレベルでは個人的コミットメントが重要であるが，システムの安定というレベルでは機能性が保証されなければならず，情緒的側面と機能的側面を

併せもつという点で，結婚コミットメントは組織コミットメントと似た構造をもつと考えることができる。

　わが国における発達的視点からの夫婦研究は歴史が浅く（柏木・平山，2003），結婚コミットメントに関していえば，中高年期を対象とした宇都宮（2005）があるのみで，若年期については皆無である（古村・松井，2013）。結婚コミットメントについての研究は，海外では比較的多く取り上げられてきたが，成人前期の求婚期や新婚期に集中している。結婚生活を長く続けてきた中年期や，まして高齢期においては，結婚生活へのコミットメントは結婚当初とは当然異なってくると考えられる。先の宇都宮（2005）は結婚コミットメントで3因子を抽出し，研究に先鞭をつけたといえるが，対象者が51組の夫婦と少なく，尺度の妥当性は検討されていない。また，海外の研究で上がってくる道徳的あるいは規範的側面が，必ずしも明確なまとまりをなしていない。

　そこで本研究では，中高年期の男女を対象に，より広範な層の対象者から資料を収集し，結婚コミットメント，すなわち，結婚生活を継続する理由について明らかにし，併せて尺度の妥当性を検討することを目的とした。

　なお，これまでの研究から，結婚コミットメントには，配偶者に向けられた愛情や信頼に基づく個人的・情緒的側面，結婚を道徳や信義に基づくものと考え，同時に社会的規範を維持しようとする態度につながる道徳的・規範的側面，結婚に留まることによって得られる利益や利便性，あるいは他に代替するものがないという理由で結婚に留まっている機能的側面の少なくとも3側面があると考えられる。これらを構成概念妥当性を確認する枠組みとして検討を行う。

方　　法

　調査対象と方法および対象者の属性は，序章2節2013年調査で述べた通りで，中高年期の夫婦を対象とした。

　分析に用いた測度は，大別して中高年期における結婚コミットメント，すなわち結婚生活を継続する理由について尋ねたものと，妥当性検討のための測度（夫婦の愛情，低勢力認知，性役割観）であった。

結　果

1．尺度構成

　結婚コミットメントについて，項目の平均値とSDから分布を検討したところ，天井効果のみられた1項目（「配偶者は私にとってかけがえのない存在だから」）を除く32項目の因子分析（主成分分析・プロマックス回転）を行った。スクリープロットと固有値の減衰状況から，3因子解が最もまとまりがよく，適切と判断された。なお，回転前の固有値は6.69，5.16，1.56で，累積寄与率は58.3%であった。1つの因子に.50以上で負荷し，かつ複数の因子に負荷していないという基準で表1-1に示す結果が得られた。因子間相関は，第Ⅰ因子と第Ⅱ因子は独立で，第Ⅲ因子は第Ⅰ，第Ⅱ因子と弱い～中程度の相関がみられた。各因子のα係数は，第Ⅰ因子が.92，第Ⅱ因子が.85，第Ⅲ因子が.84で，十分な内的整合性が得られ，尺度の信頼性は確証された。

　第Ⅰ因子は，その内容から愛情と信頼に基づいた個人的コミットメントで，「人格的コミットメント」と命名した。第Ⅱ因子は，配偶者を道具的・機能的な存在と位置づけ，かつ関係に対する諦念があるため，「諦め・機能的コミットメント」と命名した。第Ⅲ因子は，結婚および離婚を道徳的観念に基づいて考えるもので，かつ世間体など対社会的な側面をもつため，「規範的コミットメント」と命名した。

　次に，性役割観の一次元性について検討した。主成分分析を行い，4項目全て.70以上の値で負荷し，寄与率は58.6%，α係数は.76であった。

2．変数との関連

　結婚コミットメントの各下位尺度について，他の変数との相関関係により検討を行った。得点は，各尺度に含まれる項目の単純加算値を項目数で除した値を用いた。

　結果は，表1-2に示す通りである。まず，夫婦の愛情において人格的コミットメントと非常に高い相関がみられた。配偶者に愛情をもてる，配偶者からの愛情が感じられる場合，結婚生活の継続の質が個人的で情緒的理由によるものであるということが考えられる。次に，配偶者との関係における低勢力認知は，

表1-1 結婚コミットメント因子分析結果（主成分分析・プロマックス回転）N=828

	項目内容	I 人格的	II 諦め・機能的	III 規範的	h^2
27	配偶者は私の欠点も含めて受け入れてくれる人だから	**.89**	−.03	−.09	.76
26	配偶者のことを誰よりも信頼しているから	**.87**	−.15	−.01	.78
21	配偶者は私のことを一番わかってくれる人だから	**.84**	−.09	−.02	.72
33	配偶者のことを心の支えにしているから	**.83**	−.11	.10	.76
4	配偶者との関係は，私の人生のなかで重要なものだから	**.78**	−.16	.04	.66
20	配偶者は，これまでの家族の歴史（思い出）を共有できる相手だから	**.78**	.11	−.01	.61
15	普段，配偶者がいることで安心して暮らしていけるから	**.76**	.24	−.02	.61
28	もし私が配偶者の下を去ったなら，後悔が残ると思うから	**.66**	.18	.04	.47
5	いまさら別の人とやり直すのは面倒だから	−.03	**.79**	−.06	.59
23	配偶者がいないと経済的に成り立たないから	.16	**.74**	−.26	.41
6	離婚しても，幸福が約束されているわけではないから	−.05	**.72**	.09	.60
19	誰と結婚しても，結婚生活など似たり寄ったりだから	−.20	**.69**	−.06	.50
8	離婚に至る過程とその手続きが面倒だから	−.18	**.67**	.13	.58
31	配偶者がいないと老後が何かと不便だから	.25	**.66**	.11	.59
29	分かり合えなくても"夫婦とはしょせんこんなもの"と思うから	−.12	**.65**	.03	.46
10	何かにつけて配偶者がいると便利だから	.20	**.59**	.16	.52
14	離婚することは道徳的に間違っているから	−.07	−.12	**.90**	.69
3	離婚は恥ずべきことと考えているから	−.15	−.12	**.84**	.56
9	結婚した以上，最後まで相手に責任をもつのは当然だから	.14	−.11	**.74**	.57
16	離婚することで社会的な信用を失いたくないから	−.12	.17	**.71**	.61
25	結婚していることにこそ価値があると思うから	.19	−.02	**.62**	.48
32	一度決めたことだから，最後まで関わり続けようと思うから	.15	.13	**.57**	.49
13	離婚することで，子どもに辛い思いをさせたくないから	.01	.17	**.53**	.41
	因子間相関	―			
		−.05	―		
		.32	.49	―	

　人格的コミットメントとは負の，諦め・機能的コミットメントとは正の相関がみられた。最後に，性役割観では，規範的コミットメントと相関がみられた。ここでいう性役割観は伝統的な男女の役割規範を提示しており，それゆえ規範的コミットメントの高さは，伝統的社会通念，道徳的観念を示すものである。以上より，下位尺度のそれぞれで各変数との関連が示された。

表1-2 結婚コミットメントと他の変数との相関係数

	人格的		諦め・機能的		規範的	
	男性	女性	男性	女性	男性	女性
愛　　　情	.74***	.80***	−.14**	−.12*	.25***	.16**
低勢力認知	−.22***	−.37***	.27***	.23***	.12*	.05
性役割観	.16**	.01	.15**	.19***	.36***	.28***

$^{*}p<.05$, $^{**}p<.01$, $^{***}p<.001$

3．性と世代による検討

　男女によって，また世代によって，結婚コミットメントに違いがみられるかを検討した。本研究では，40〜70代に対象者の98％が含まれるので，それ以外の世代を除き，性（2）×世代（4）で2要因の分散分析を行った。結果は，表1-3に示す通りである。人格的コミットメントではジェンダー差のみ有意で，男性が女性より高かった。諦め・機能的コミットメントでは，ジェンダー差および世代差が有意で，世代についてTukey法による多重比較を行ったところ，70代が40代（$p<.01$）および50代（$p<.05$）より高かった。また，男性より女性の方が高かった。さらに規範的コミットメントでは，同様にジェンダー差および世代差が有意であったが，ジェンダー差では男性の方が女性より高かった。また，Tukey法による多重比較では，70代が他の全ての世代より高かった（$p<.001$）。

表1-3 性と世代による結婚コミットメントの平均値とSDおよび分散分析結果

	人格的		諦め・機能的		規範的	
	男性	女性	男性	女性	男性	女性
40代	3.98 (0.75)	3.70 (0.94)	2.49 (0.79)	2.94 (0.81)	2.98 (0.81)	2.75 (0.74)
50代	3.91 (0.76)	3.72 (0.82)	2.72 (0.75)	3.04 (0.85)	3.04 (0.79)	2.81 (0.76)
60代	3.78 (0.87)	3.74 (0.89)	2.73 (0.73)	2.99 (0.91)	3.12 (0.93)	2.61 (0.88)
70代	4.18 (0.65)	3.76 (1.05)	3.07 (0.86)	3.23 (1.01)	3.52 (0.73)	3.20 (1.05)
性　別	$F(1,800)=11.05^{***}$		$F(1,802)=18.96^{***}$		$F(1,800)=23.13^{***}$	
世代別	ns		$F(3,802)=6.18^{***}$		$F(3,800)=8.63^{***}$	
交互作用	ns		ns		ns	

$^{***}p<.001$

考　察

　本研究は，中高年期夫婦を対象に，結婚コミットメントの構造を明らかにしたうえで，作成された尺度の信頼性・妥当性を検討した。その結果，中高年期夫婦の結婚コミットメントは，人格的，諦め・機能的，規範的コミットメントの 3 因子構造から成り，いずれにおいても高い内的整合性が確認された。

　結婚生活を長く続けてきた夫婦の結婚継続の理由として，第一に，配偶者個人に向けられたもので，自分を理解し受容してくれる，かけがえのない存在として，「人格的コミットメント」と命名された個人的・情緒的コミットメントが抽出された。これは 3 因子の中で最も値が高く（3.82（$SD = 0.85$）），1960 年代半ばに恋愛結婚が見合い結婚を上回って以降，今日では，わが国の中高年期夫婦においても結婚生活の継続は，愛情や信頼に基づいた個人的で情緒的なコミットメントが第一義的なものになっており（伊藤・相良，2013；宇都宮，2005），本研究の結果もそれを反映したものと考えられる。第二は，機能的あるいは継続的コミットメントに該当するもので，結婚に留まることによって得られる利益や利便性，または他に代替するものがないという理由で留まる「諦め・機能的コミットメント」と命名された因子である。諦めにあたる部分は宇都宮（2005）の非自発的コミットメントに，機能性にあたる部分は同尺度の機能的コミットメントに相当するものである[2]。Adams & Jones（1997）や Johnson et al.（1999）では，離婚することに伴う家族や友人，財産の喪失など，おもに結婚の機能性に関わるものが 1 つにまとまっているが，コミットメントとしての「諦め」に該当するものはない。わが国の夫婦関係において，関係満足度の低い妻が，夫との関係を「個人としての関係」と「役割としての関係」に切り離し，前者の関わりを諦め，後者のみを評価することで関係を維持する心理的機序が明らかにされている（池田・伊藤・相良，2005）。近年，中高年の離婚が増加したとはいえ（厚生労働省，2011），欧米に比べれば離婚率はまだ低く，結婚の機能性さえ確保されていれば，「別の人とやり直すのは面倒」「分かり合えなくても夫婦とはしょせんこんなもの」という諦めが離婚を思い止まらせている側面がある。第三は，結婚を道徳や信義に基づくものと考え，結婚していることで社会的規範を維持しようとする，「規範的コミットメント」と

命名された因子である。結婚を社会的信用や価値の点からとらえる見方は日本でもこれまでにあったが（国立社会保障・人口問題研究所, 2007），道徳的観点あるいは信義という倫理的な面からとらえる見方は，欧米では当然のこととされてきたが（e.g., Johnson et al., 1999），日本ではあまり指摘されてこなかった側面と考えられる。

以上3つの点から，本研究における結婚コミットメントの構造に構成概念妥当性を，また，他の変数との関連からは本尺度の併存的妥当性を確認することができた。

次に，各下位尺度でみられたジェンダー差についてみていきたい。まず，人格的コミットメントでは男性が女性より高かった。これは愛情との高い相関からも予測されることで，愛情（伊藤・相良, 2012）においても，情緒的サポート（稲葉, 2004）においても男性の方が高いのは，夫の方が妻からより多くのサポートを受領している（Belle, 1982）からだと考えられ，それが現れた結果であると推察される。同様に，男性が女性より高く，しかもその差が大きかったものに規範的コミットメントがある。この因子は，性役割観との相関が高いことから，社会的規範を肯定する伝統的な態度で，結婚を個人的なものというより社会的なものと考える。離婚を回避するという点でジェンダー差はない（伊藤・相良, 2010）ことから，規範的コミットメントは単なる離婚の回避ではなく，結婚に対する道徳的観念，責任，信義という理由からのコミットメントと考えられる。一方，女性の方が高かったものに諦め・機能的コミットメントがある。先に，結婚満足度の低い妻が結婚生活を維持していく心理的機序について，夫との個人的な関わりを諦め，役割，すなわち機能的な側面だけでつながっていく関わり方（池田ら, 2005）を指摘したが，このコミットメントはまさにそのような関係性のあり方と推察される。なお，諦め・機能的コミットメントと規範的コミットメントに世代差がみられ，いずれも70代になると男女ともにそのような態度が高まっていたが，人格的コミットメントに代表される情愛的態度には世代差がみられなかった。規範的コミットメントのような対社会的側面は，性役割観が世代によって異なるように（鈴木, 2006），世代が上がると強まるが，人格的コミットメントのような情緒的側面は，夫婦の愛情に一部で世代差がみられるものの（伊藤・相良, 2012），個人的な関係に依存

するものと考えられる。

今後の課題　本研究では，結婚生活を長く続けてきた中高年期の夫婦を対象にしてそのコミットメントを明らかにしたが，若年期の夫婦では，人格的コミットメント以外はその様相を異にすることが考えられる。婚姻期間の比較的短い若年期夫婦と，長い中高年期夫婦の結婚コミットメントの違いを明らかにし，そこからわが国における結婚のもつ意味の発達的変化を検討することが必要であろう。第二に，本研究では扱えなかったが，コミットメントの違いによる夫婦関係の差異，およびコミットメントに関わる要因についてである。愛情との関連が高い人格的コミットメントが夫婦関係の多くを説明しうるが（伊藤・相良，2014），諦め・機能的コミットメントにおいて，離婚せず結婚に留まり続ける要因として，収入や学歴，子の有無・年齢など社会・経済的要因についてさらに検討していきたい。

2節　結婚コミットメントと配偶者との関係性

　結婚生活の継続の質をとらえる指標としてコミットメントがあり，わが国の中高年期夫婦では，人格的コミットメント，諦め・機能的コミットメント，規範的コミットメントが明らかにされている（伊藤・相良，2015）。本研究では，これら3つのコミットメントと配偶者との関係性からコミットメント尺度の検証を行う。

方　　法

　調査対象と方法および対象者の属性は，序章2節2016年調査で述べた通りである。中高年期の夫婦を対象に，先に作成した結婚コミットメント尺度とおもに関係性ステイタスとの関連をみた。分析に用いた測度は，伊藤・相良（2015）が作成した結婚コミットメント尺度（23項目5件法），夫婦関係満足度（夫婦の関係を10点満点で評価），宇都宮（2004）が開発した配偶者との関係性ステイタスSCT（存在の意味づけ6項目，積極的関与6項目）の3種である。

結果と考察

1. 関係性ステイタスSCTによる型判定

筆者を含む2名の判定者で，それぞれ独立にマニュアルに従い関係性ステイタスの型を判定した。型が2名で一致しない場合は，協議のうえ，再度型の判定を行った。SCTに回答し判定された型は，男性では，人格的関係性型34，献身的関係性型1，妥協的関係性型4，関係性拡散型2，表面的関係性型16，独立的関係性型9であった。女性では，人格的関係性型31，献身的関係性型3，妥協的関係性型9，関係性拡散型12，表面的関係性型18，独立的関係性型7であった。関係性拡散型が女性で多いのは宇都宮（2004）と同様だが，表面的関係性型が宇都宮（2004）では男性で最も多かったが，本研究では女性と同程度であった。

2. 関係性と結婚コミットメント，夫婦関係満足度

関係性の型と男女を独立変数とし，結婚コミットメントおよび関係満足度を従属変数とする2要因分散分析を行った。下位検定はTukey法によった。結果を表1-4に示した。

結婚コミットメントでは，人格的コミットメントのみ関係性による差が有意で，人格的関係性型が男女とも他の全ての型より有意に高く，一方，関係性拡

表1-4 配偶者との関係性による結婚コミットメントと関係満足度の平均値

	人格的C		諦め・機能的C		規範的C		関係満足度	
	男性	女性	男性	女性	男性	女性	男性	女性
人格的関係性型	4.41	4.31	2.90	3.41	3.24	2.98	8.52	8.32
献身的関係性型	3.50	3.04	3.25	3.21	3.29	2.62	8.00	5.67
妥協的関係性型	3.34	3.21	2.44	3.75	2.64	2.81	7.00	5.78
関係性拡散型	2.63	1.85	3.06	2.79	2.50	1.86	3.00	3.00
表面的関係性型	4.27	3.41	3.50	3.24	3.62	2.73	7.60	7.41
独立的関係性型	3.36	3.71	3.19	2.80	3.14	2.73	6.56	5.43
ジェンダー	$F=3.19$		$F=0.38$		$F=3.36$		$F=4.88^*$	
関係性	$F=18.09^{***}$		$F=0.63$		$F=1.80$		$F=25.17^{***}$	
交互作用	$F=2.40^*$		$F=2.32^*$		$F=0.82$		$F=0.83$	

$^*p<.05$, $^{***}p<.001$

散型はやはり男女とも他の全ての型より有意に低く,特に女性で低かった。また,表面的関係性型でも男女の差が大きく,結婚生活を肯定的にとらえているにもかかわらず,女性では配偶者への人格的コミットメントが薄かった。諦め・機能的コミットメント,規範的コミットメントでは関係性の型による違いはみられなかった。

関係満足度では,ジェンダー差および関係性の型による差が有意で,これまで同様,女性より男性の方が有意に高く,関係性では人格的コミットメント同様,人格的関係性型が他の全ての型より有意に高く,一方,関係性拡散型では他の全ての型より有意に低かった。また,表面的関係性型では,人格的コミットメントでみられた配偶者への女性のコミットメントの薄さがみられず,男性と同様,結婚生活に満足している様子がうかがえた。

記述された配偶者との関係性による型と結婚コミットメントとの関連は,人格的コミットメントでのみ型による違いがみられ,中高年期,平均年齢からいうと高齢期においても,結婚生活の継続は配偶者への人格的コミットメントの強さが関係性を左右するといえよう。

■注

1) 「関与」あるいは「積極的関与」と訳されるが,ここではそのまま「コミットメント」を用いる。
2) 宇都宮(2005)においても,本研究の第Ⅲ因子「規範的コミットメント」に相当する内容が機能的および非自発的コミットメント両因子に散見される。「諦め・機能的コミットメント」と「規範的コミットメント」の因子間相関は$r=.49$と高く,記述された項目によって別れ方が異なってくると考えられる。

■引用文献

Adams, J. M., & Jones, W. (1997) The conceptualization of marital commitment: An integrative analysis. *Journal of Personality and Social Psychology*, **72**, 1177-1196.

Allen, N. J., & Meyer, J. P. (1990) The measurement and antecedent of affective, continuance, and normative commitment. *Journal of Occupational Psychology*, **63**, 1-18.

Belle, D. (1982) The stress of caring: Women as providers of social support. In L. Goldberger & S. Breznitz (Eds.), *Handbook of stress*. New York: The Free Press. pp.496-505.

池田政子・伊藤裕子・相良順子 (2005) 夫婦関係満足度にみるジェンダー差の分析：関係は，なぜ維持されるか　家族心理学研究，**19**，116-127.

稲葉昭英 (2004) 夫婦関係の発達的変化　渡辺秀樹・稲葉昭英・嶋崎尚子 (編)　現代家族の構造と変容　東京大学出版会　pp.261-276.

伊藤裕子・相良順子 (2010) 中年期から高齢期における夫婦の役割意識：個別化の視点から　文京学院大学人間学部研究紀要，**12**，163-176.

伊藤裕子・相良順子 (2012) 愛情尺度の作成と信頼性・妥当性の検討：中高年期夫婦を対象に　心理学研究，**83**，211-216.

伊藤裕子・相良順子 (2013) 夫婦の愛情と個別化志向からみた夫婦関係：中高年期夫婦を対象に　文京学院大学人間学部研究紀要，**14**，1-13.

伊藤裕子・相良順子 (2014) 中高年期夫婦における結婚コミットメントのジェンダー差　日本心理学会第78回大会論文集，1250.

伊藤裕子・相良順子 (2015) 結婚コミットメント尺度の作成：中高年期を対象に　心理学研究，**86**，42-48.

Johnson, M. P., Caughlin, J. P., & Huston, T. L. (1999) The tripartite nature of marital commitment: Personal, moral, and structural reasons to stay married. *Journal of Marriage and the Family*, **61**, 160-177.

柏木惠子・平山順子 (2003) 夫婦関係　日本児童研究所 (編)　児童心理学の進歩　Vol.42　金子書房　pp.85-117.

国立社会保障・人口問題研究所 (2007) わが国独身層の結婚観と家族観：第13回出生動向基本調査　厚生統計協会

古村健太郎・松井　豊 (2013) 親密な関係におけるコミットメントのモデルの概観　対人社会心理学研究，**13**，59-70.

厚生労働省 (2011) 平成23年人口動態統計月報年計 (概数) の概況　離婚　http://www.mhlw.go.jp/toukei/saikin/hw/jinkou/geppo/nengai11/kekka05.html#document (2014年3月26日)

厚生労働省 (2012) 平成24年簡易生命表の概況　平均寿命の国際比較　http://www.mhlw.go.jp/toukei/saikin/hw/life/life12/dl/life12-04.pdf (2014年5月20日)

Meyer, J. P., Allen, N. J., & Smith, C. A. (1993) Commitment to organizations and occupations: Extension and test of a three-component conceptualization. *Journal of Applied Psychology*, **78**, 538-551.

落合惠美子 (1997) 21世紀家族へ (新版)：家族の戦後体制の見かた・超えかた　有斐閣

Rusbult, C. E., & Buunk, B. P. (1993) Commitment process in close relationships: An inter-dependence analysis. *Journal of Social and Personal Relationships*, **10**, 175-204.

相良順子・伊藤裕子（2010）中高年期の夫婦関係における低勢力認知　日本心理学会第74回大会論文集，1323．

Stanley, S., & Markman, H. J. (1992) Assessing commitment in personal relationships. *Journal of Marriage and the Family,* **54**, 595-608.

鈴木敦子（2006）文化とジェンダー　鈴木敦子・柏木惠子〔編〕ジェンダーの心理学　培風館　pp.185-215．

宇都宮　博（1999）夫婦関係の生涯発達：成人期を配偶者とともに生きる意味　岡本祐子〔編〕女性の生涯発達とアイデンティティ：個としての発達・かかわりの中での成熟　北大路書房　pp.179-208．

宇都宮　博（2004）高齢期の夫婦関係に関する発達心理学的研究　風間書房

宇都宮　博（2005）結婚生活の質が中高年者のアイデンティティに及ぼす影響：夫婦間のズレと相互性に着目して　家族心理学研究，**19**，47-58．

第2章　中高年期夫婦における結婚コミットメントと精神的健康におけるジェンダー差

　わが国における長寿命化と少子化は著しく，子どもが離家（りか）した後は夫婦二人で過ごす世帯が増加している。一方，イエ（縦の関係）を中心としたこれまでのわが国における家族関係は，横の関係である妻と夫のパートナーシップを必ずしも育んでこなかった。子育て期は妻・夫ともそれぞれの活動に多忙で，夫婦の関係がさほど問題にならなかったが，中年期も後期になると夫婦で過ごす時間が増え，改めてそれまでの夫婦のあり方が問われてくる。中高年期における離婚の増加も，このことが背景にあると考えられる。

　結婚生活の継続の質をとらえる指標としてコミットメント（commitment）があり，結婚生活の継続を説明する主要な概念として位置づけられている（Rusbult & Buunk, 1993）。コミットメントの定義は研究者によって異なり，関係への継続意志や意欲といった態度的次元のみの立場と，愛情や信頼感などの情緒的次元を含める立場がある（宇都宮，1999）。さらに，コミットメントには2つのレベルがあり，1つはシステムの安定で，結婚の機能性が確保されているか否かに関するものである。他の1つは親密性で，システムの安定にとってそれが不可欠と考えるか否かである。宇都宮（1999）によれば，結婚生活の継続は，その大部分がシステムの安定と親密性の発達のいずれかの次元において，当事者の自発的なコミットメントに支えられているという。

　ところでわが国における発達的視点からの夫婦研究は歴史が浅い（柏木・平山，2003）。結婚コミットメントについての研究も，海外では比較的多く取り上げられてきたが，成人前期の求婚期や新婚期に集中している。結婚生活を長く続けてきた中年期や，まして高齢期においては，結婚生活へのコミットメントは結婚当初とは当然異なってくると考えられる。

　そこで本研究では，中高年期の男女を対象に，より広範な層の対象者から資料を収集し，ジェンダーの視点から，結婚コミットメント，すなわち，結婚生活を継続する理由について明らかにすることを目的の第一とする。第二に，結

婚コミットメントが夫婦関係のさまざまな側面とどのように関係するか，さらに第三として，結婚コミットメントが精神的健康にどの程度影響するかを明らかにしていく。

方　　法

調査対象と方法および対象者の属性は，序章2節2013年調査の通りである。分析に用いた測度は，2013年調査のうちジェネラティヴィティと達成動機を除く，結婚コミットメント，夫婦の愛情，低勢力認知，会話時間，個別化志向，夫婦関係満足度，夫の家事分担，離婚の意思，性役割観，主観的幸福感で，対象者の属性として，年齢，学歴，収入，健康を取り上げた。

なお，本研究の分析対象者は有配偶者（840名）のみとした。

結果と考察

1．結婚コミットメントと夫婦関係

[1] 基礎統計量とt検定結果

結婚コミットメントを含む尺度・項目の基礎統計量と男女別のt検定結果は，表2-1～2-2に示す通りである。得点は，各尺度に含まれる項目の得点を加算し，項目数で除した値である。関係満足度は，10点満点で評定した値をそのまま用いた。離婚の意思は，男女で評定方法が異なるので検定していない。

まず，男性が女性より高かったものとして，結婚コミットメントにおける人

表2-1　平均値と標準偏差，t値

下位尺度	男性		女性	t値
人格的コミットメント	3.95 (0.76)	＞	3.71 (0.90)	4.14***
諦め・機能的コミットメント	2.71 (0.79)	＜	3.00 (0.86)	4.98***
規範的コミットメント	3.11 (0.82)	＞	2.78 (0.80)	5.87***
愛　　情	3.03 (0.58)	＞	2.79 (0.67)	5.56***
低勢力認知	2.24 (0.59)	＜	2.34 (0.64)	2.39*
会話時間	3.02 (1.06)		2.99 (1.17)	ns
夫の家事	2.45 (1.18)	＞	2.06 (1.14)	4.91***
個別化	2.57 (0.56)	＜	2.91 (0.63)	8.24***
離婚の意思	1.46 (0.66)		2.00 (0.94)	——

$*p<.05$，$***p<.001$

表 2-2 平均値と標準偏差, t値

下位尺度	男性		女性	t値
関係満足度（当初）	8.43 (1.71)	>	7.60 (2.19)	6.14***
関係満足度（子育て期）	8.22 (1.85)	>	6.75 (2.50)	9.78***
関係満足度（中年前期）	7.89 (1.86)	>	6.55 (2.43)	8.93***
関係満足度（中年後期）	7.81 (2.01)	>	6.71 (2.48)	7.02***
関係満足度（高齢期）	7.77 (2.16)	>	6.58 (2.52)	4.92***
性役割観	2.85 (0.66)	>	2.65 (0.68)	4.44***
主観的幸福感	2.94 (0.38)	>	2.88 (0.38)	2.26*

*$p<.05$, ***$p<.001$

格的コミットメントがある。人格的コミットメントとは，配偶者を，自分を理解し受容してくれるかけがえのない存在として位置づけるもので，愛情も，また，すべての時期の関係満足度も男性が女性より高かった。これは男性が配偶者である妻から，さまざまな面でケアを受け（平山, 1999），サポートを受領している（Belle, 1982）ことからきていると考えられる。また，規範的コミットメントも同様に男性が高かった。これは「男は仕事，女は家事・育児」に代表される性別役割分業や，本研究の性役割観の高さから，男性では社会的規範意識が強く，結婚を個人的側面からのみでなく社会的側面から考える意識が強いためといえよう。

一方，女性の方が男性より高かったものとして，結婚コミットメントにおける諦め・機能的コミットメントがある。諦め・機能的コミットメントとは，配偶者を道具的・機能的な存在と位置づけ，かつ「離婚しても幸福が約束されているわけではない」「別の人とやり直すのは面倒」というように，結婚に対する諦念を含むものである。また，結婚生活において自分の方が低勢力であると認知し，さらに夫婦間の葛藤を避けるため個別化志向が女性において強くなっている。磯田（2000）は，中年期女性における個人化志向は，配偶者との関係性が不十分なものであるためにとられた戦略的適応パターンの1つだというが，本結果はまさにそのことを示しているといえるだろう。また，先の関係満足度についていえば，すべての時期において女性の方が満足度は低く，特にそのギャップが激しいのが子育て期においてだった。子どもが大学生の段階になってもなお，現在の妻の関係満足度に子育て期の夫の関与（の少なさ）が効

いているという事実（伊藤・池田・相良，2003）は，過去における夫婦関係のあり方が現在のあり方を規定するという一つの証左といえよう。

［2］結婚コミットメントと夫婦関係の関連

次に，結婚コミットメントの3因子と夫婦関係の関連について男女別に相関係数を算出した。結果は，表2-3〜2-4に示す通りである。

まず，人格的コミットメントでは，男女とも愛情と関連が非常に高く，関係性の質が人格的レベルの場合，配偶者への愛情を強く感じるといえよう。それゆえ逆に，人格的レベルでのコミットメントが薄いと離婚願望を強める。また，低勢力認知との関連もみられ，何かにつけて配偶者の都合を優先する（させられる）という日常においては，人格的コミットメントを感じにくい。また，葛

表2-3　結婚コミットメントと夫婦関係の相関（男性）

	人格的コミットメント	諦め・機能的コミットメント	規範的コミットメント
愛　　情	.74***	−.14**	.25***
離婚願望	−.49***	.07	−.17**
低勢力認知	−.22***	.27***	.12*
個別化	−.25***	.08	−.13*
夫家事	.09	.07	.10
性役割観	.16**	.15**	.36***
主観的幸福感	.29***	−.18***	.05

*p<.05，**p<.01，***p<.001

表2-4　結婚コミットメントと夫婦関係の相関（女性）

	人格的コミットメント	諦め・機能的コミットメント	規範的コミットメント
愛　　情	.80***	−.12*	.16***
離婚願望	−.70***	.20***	−.08
低勢力認知	−.37***	.23***	.05
個別化	−.42***	.18***	−.10*
夫家事	.17**	−.13**	−.00
性役割観	.01	.19***	.28***
主観的幸福感	.37***	−.19***	−.01

*p<.05，**p<.01，***p<.001

藤を回避する戦略としての個別化志向は，やはり人格的コミットメントが薄いと取られる戦略といえそうである。最後に，人格的レベルでの関係性は，精神的健康指標である主観的幸福感を高めるといえよう。なお，関連は男女ともみられるが，関連の強さに違いがみられるものとして，離婚願望，低勢力認知，個別化志向がある。いずれも女性の方が関連は強く，なかでも離婚願望は愛情と相反の関係にあるほど強い。人格的コミットメントが弱いとこれらの傾向を強めるといえる。

　次に，諦め・機能的コミットメントでは，全体に人格的コミットメントでみられた関連より弱くなるが，特徴的なことは男女で関連のあり方が異なる点があるということである。男女とも同様の傾向なのは，低勢力認知，性役割観，主観的幸福感，愛情で，前二者では正の相関が，後二者では負の相関がみられた。一方，男性で関連はみられず，女性でのみみられたものに，離婚願望，個別化志向，夫の家事がある。すなわち，諦め・機能的コミットメントの高さは，女性において離婚願望を強め，個別化志向を促進し，夫の家事関与の少なさの認知につながるが，男性においてそれらの関連はないということである。諦め・機能的コミットメントは，男女によって意味の異なる関係性のあり方といえよう。

　最後に，規範的コミットメントでは，全体に男性の方が夫婦関係との関連が強い。性役割観，すなわち，社会的規範意識の強さは規範的コミットメントの強さと結びつき，また，愛情も規範的コミットメントを強める。一方，規範的コミットメントは個別化志向を弱める。そして男性でのみみられたものとして，規範的コミットメントの強さは離婚願望とは負の，低勢力認知とは正の関連を示した。このように規範的コミットメントは，値の高さにおいても，夫婦関係との関連の強さにおいても男性の方が高い関係性を有する変数といえよう。

2．結婚コミットメントが精神的健康に及ぼす影響

　結婚における関係性の質が個人の精神的健康にどの程度影響するかを，目的変数を主観的幸福感，説明変数を結婚コミットメントとして，デモグラフィックな統制変数をまず投入し（M1），次に結婚コミットメント3変数を投入した（M2）階層的重回帰分析を男女別に行った。結果は，表2-5～2-6に示

表2-5 結婚コミットメントの階層的重回帰分析結果(男性)

	M1	M2
年　齢	.189***	.219***
学　歴	.119*	.121**
収　入	.212***	.213***
健　康	.317***	.280***
人格的		.218***
諦め・機能的		−.226***
規範的		.044
	R^2=.185	R^2=.276
	F=21.98***	F=20.09***

$^*p<.05$, $^{**}p<.01$, $^{***}p<.001$

表2-6 結婚コミットメントの階層的重回帰分析結果(女性)

	M1	M2
年　齢	.240***	.198***
学　歴	−.003	.004
収　入	.182***	.177***
健　康	.288***	.248***
人格的		.301***
諦め・機能的		−.185***
規範的		.025
	R^2=.139	R^2=.262
	F=18.68***	F=19.70***

$^*p<.05$, $^{**}p<.01$, $^{***}p<.001$

す通りである。

　まず，M1をみると，男女とも最も値が大きいのは健康で，これは中高年者を対象としたものなので当然といえよう。男女で若干違いはあるが，次に高いのが収入と年齢で，収入は当然のことながら，年齢が上がるほど主観的幸福感も高くなる。これは"well-beingの逆説"(Mroczek & Kolarz, 1998)といわれるものである。一方，女性ではみられず男性でみられたものに学歴がある。男性の場合，学歴は収入と密接にリンクしているので，これも主観的幸福感を押し上げる要因といえる。

　次に，結婚コミットメントを投入したM2をみてみよう。男女ともほぼ同様の結果で，人格的コミットメントが正の，諦め・機能的コミットメントが負の値を取っている。女性は男性より人格的コミットメントが主観的幸福感に，より大きな影響を及ぼすといえるが，女性において高い値をとっていた諦め・機能的コミットメントが(表2-1)，男性においても主観的幸福感を左右し，しかも人格的コミットメントをいくぶん凌ぐほどの影響力をもっていた。規範的コミットメントは，男女いずれにおいても主観的幸福感に影響力を有しない。

　なお，分散の説明率を表す重相関係数の二乗(R^2)のM1からM2への増分は，男性で9.1%，女性で12.3%だった。配偶者をどのように意味づけているか，すなわち配偶者との関係性の質は，結婚の質によって同様の分析を行った結果(伊藤・下仲・相良，2009)とほぼ同じ増分であり，関係性の質が，結婚の個々

の側面である"結婚の質"から構成されることを物語るものといえよう。

■引用文献

Adams, J. M., & Jones, W. (1997) The conceptualization of marital commitment: An integrative analysis. *Journal of Personality and Social Psychology*, **72**, 1177-1196.

Belle, D. (1982) The stress of caring: Women as providers of social support. In L. Goldberger & S. Breznitz (Eds.), *Handbook of stress*. New York: The Free Press. pp.496-505.

平山順子 (1999) 家族を「ケア」するということ：育児期女性の感情・意識を中心に　家族心理学研究, **13**, 29-47.

磯田朋子 (2000) 私事化・個別化の中での夫婦関係　善積京子 (編)　結婚とパートナー関係：問い直される夫婦　ミネルヴァ書房　pp.147-167.

伊藤裕子・池田政子・相良順子 (2003) 職業生活と家庭生活が夫婦の心理的健康に及ぼす影響：ジェンダー・ギャップの視点から　平成13〜14年度科学研究費補助金研究成果報告書

伊藤裕子・相良順子 (2010) 中年期から高齢期における夫婦の役割意識：個別化の視点から　文京学院大学人間学部研究紀要, **12**, 163-176.

伊藤裕子・相良順子 (2012) 愛情尺度の作成と信頼性・妥当性の検討：中高年期夫婦を対象に　心理学研究, **83**, 211-216.

伊藤裕子・相良順子・池田政子・川浦康至 (2003) 主観的幸福感尺度の作成と信頼性・妥当性の検討　心理学研究, **74**, 276-281.

伊藤裕子・下仲順子・相良順子 (2009) 中高年期における夫婦の関係と心理的健康：世代比較を中心に　文京学院大学総合研究所紀要, **10**, 191-204.

Johnson, M. H., Caughlin, J. P., & Huston, T. L. (1999) The tripartite nature of marital commitment: Personal, moral, and structural reasons to stay married. *Journal of Marriage and the Family*, **61**, 160-177.

柏木惠子・平山順子 (2003) 夫婦関係　日本児童研究所 (編)　児童心理学の進歩　Vol.42　金子書房　pp.85-117.

Mroczek, D. K., & Kolarz, C. M. (1998) The effect of age on positive and negative affect: A developmental perspective on happiness. *Journal of Personality and Social Psychology*, **75**, 1333-1349.

Rusbult, C. E., & Buunk, B. P. (1993) Commitment process in close relationships: An inter-dependence analysis. *Journal of Social and Personal Relationships*, **10**, 175-204.

相良順子・伊藤裕子 (2010) 中高年期の夫婦関係における低勢力認知　日本心理学会第74回大会論文集, 1323.

Stanley, S., & Markman, H. J. (1992) Assessing commitment in personal relationships.

Journal of Marriage and the Family, **54**, 595-608.
宇都宮　博（1999）夫婦関係の生涯発達：成人期を配偶者とともに生きる意味　岡本祐子（編）女性の生涯発達とアイデンティティ：個としての発達・かかわりの中での成熟　北大路書房　pp.179-208.
宇都宮　博（2005）結婚生活の質が中高年者のアイデンティティに及ぼす影響：夫婦間のズレと相互性に着目して　家族心理学研究，**19**，47-58．

●● 第3章　結婚コミットメントからみた中高年期の夫婦関係

　結婚生活の継続をとらえる指標としてコミットメント（commitment）があり，結婚生活の継続を説明する主要な概念として位置づけられる。宇都宮（1999）によると，コミットメントには2つのレベルがあり，1つはシステムの安定で結婚の機能性に関わるものであり，他の1つは親密性に基づくものであるという。親密な関係を扱ったコミットメント・モデルによると，結婚におけるコミットメントはいくつかの次元（領域）から構成されていると考えられる（古村・松井，2013）。Johnson, Caughlin, & Huston（1999）では，関係に留まりたいと思う「個人的コミットメント」，関係を続けることを道徳的に義務と考える「道徳的コミットメント」，関係に留まることの拘束感ともいえる「構造的コミットメント」の3領域から成るとされる。また，Adams & Jones（1997）でも，「配偶者へのコミットメント」，「結婚へのコミットメント」，「罠にかかった気分」（関係を解消しにくくさせている外的要因の主観的評価）の3因子が報告されている。

　わが国では，心理学研究のなかで夫婦関係が論じられ始めて歴史が浅い（柏木・平山，2003）。最初に結婚生活をコミットメントの面から取り上げた宇都宮（2005）では，中高年期夫婦51組を対象に，配偶者への愛情や信頼から成る「人格的コミットメント」，結婚の機能と離婚に関する「機能的コミットメント」，結婚に対する諦めを含む「非自発的コミットメント」の3因子が抽出された。その後，伊藤・相良（2015）も中高年期夫婦約900名を対象に，「人格的コミットメント」，「諦め・機能的コミットメント」，「規範的コミットメント」の3因子を抽出し，中高年期夫婦の結婚コミットメントを測定する尺度を作成した。なかでも「規範的コミットメント」は，結婚を道徳や信義に基づくものと考え，同時に社会的規範を維持しようとするもので，海外の研究で上がってくる道徳的あるいは規範的側面が抽出された。これらから結婚におけるコミットメントには少なくとも3つの次元が考えられる。1つは親密性に基づく

もので配偶者個人に向けられたもの，2つ目は結婚の機能性に関わるもの，そして3つ目は道徳あるいは信義や契約といった観点からのものである。

ところで結婚生活の継続にはどのような結婚の質が関わっているのだろう。結婚に恋愛感情はつきものであるというのは歴史的にみれば比較的新しく（落合，1997），親密性は結婚生活の絶対条件ではない。わが国の場合，結婚・夫婦関係満足度は，子育て期以降一貫して夫に比べて妻が低く（e.g., 稲葉，2004；伊藤，2015；伊藤・池田・相良，2014），なかでも満足度の低い妻は夫を機能的な存在として位置づけていた（池田・伊藤・相良，2005；岡本・村田，2005）。すなわち配偶者の存在を親密性と機能性に切り離すことで結婚生活を維持していると考えられる。

一方，夫婦関係満足度には，男女がどのような役割を果たすべきかというジェンダーに対する考え方や男女の公平性・対等性の認知が関係する（Saginak & Saginak, 2005）。そして性役割観や性差観によって精神的健康は影響を受け，特に妻の就業形態によって夫の精神的健康への影響の受け方は異なってくる（Sagara, Ito, & Ikeda, 2006）。

近年では平均寿命の延びが著しく，長寿命化によって夫婦二人で過ごす期間が長期化し，三世代同居世帯が減少して，夫婦二人の世帯が増加している（厚生労働省，2016）。結婚した夫婦がどのように結婚生活を送り，何に重きを置いて結婚生活を継続しているか，長く結婚生活を送ってきた高齢期の夫婦では結婚当初とは異なった意味づけが行われると考えられる。恋愛関係・夫婦関係の研究では，今日，親密性が主要なテーマとして取り上げられるが，親密性，すなわち配偶者に向けられた個人的あるいは人格的コミットメントが結婚の質を確保する第一義的要素といえるかどうかは疑問である。

わが国の中高年期夫婦を対象者として結婚コミットメントを明らかにした伊藤・相良（2015）では，人格的コミットメントは夫婦の愛情と高い関連がみられ，しかも他のコミットメントとは比較的独立だった。また，女性で高い諦め・機能的コミットメントは，男女とも低勢力認知と結びつき，自分が我慢をしているという意識が強かった。さらに，規範的コミットメントは伝統的な性役割観と関連が高く，しかも世代差が大きかった。これらの結果から，わが国における中高年期夫婦の結婚生活の継続の一端が明らかになったが，対象者の多く

は中年期であること，また，どのようなコミットメントがどんな特性（愛情や性役割観など）と結びついているのかを明らかにしたものであった。

そこで本研究では，中高年期夫婦の結婚コミットメントを明らかにすべく，上記に加えて特に高齢期の対象者を増やし，また，何に重きを置いて結婚生活を継続しているのか，結婚コミットメントにより個人を類型化し，その型によって夫婦関係満足度や愛情など結婚の質，さらに精神的健康にどのような違いがみられるかを明らかにすることを目的とした。

方　法

調査対象と方法および対象者の属性は，序章2節2013年・2014年調査の通りである。有効回答は，女性886名，男性692名，計1,578名であった。調査の時期は，大学生の親は2013年6月，その他は同年10〜11月および2014年10〜11月であった[1]。年齢は40〜70代で95.7%を占め，各年代とも350〜400名である。平均年齢は女性59.9歳（$SD=11.8$），男性62.1歳（$SD=11.7$）であった。なお，本研究の分析対象者は有配偶者1,381名（女性727名，男性654名）のみとした。

分析に用いた測度は，結婚コミットメント，夫婦の愛情，低勢力認知，性役割観，夫婦関係満足度，主観的幸福感を取り上げた。

結　果

1．結婚コミットメントの基礎統計量と男女による差異の検討

結婚コミットメントの3つの下位尺度について，男女別に尺度得点を算出した。得点は，各尺度に含まれる項目の単純加算値を項目数で除した値を用いた。

結果は，表3-1に示す通りである。人格的コミットメント，規範的コミッ

表3-1　結婚コミットメントの平均値とSD，およびt検定結果

	男性	女性	t値
人格的コミットメント	3.99 (0.74)	3.75 (0.91)	5.32***
諦め・機能的コミットメント	2.79 (0.82)	3.07 (0.86)	6.24***
規範的コミットメント	3.19 (0.84)	2.90 (0.86)	6.53***

$p<.01$，*$p<.001$

トメントは男性が女性より高く，諦め・機能的コミットメントは女性が男性より高かった。

2．結婚コミットメントのクラスター分析

結婚生活を継続するにあたって個人が何に重きを置いているか，結婚コミットメントの下位尺度を用いてクラスター分析をした。表3-1にみたように，どのコミットメントも男女で平均値が有意に異なるため，男女別に得点を標準化してクラスター分析（Ward法）を行い，男女それぞれ4クラスターを抽出した（図3-1）。

第1クラスターは，男女とも，どのコミットメントも高いが，特に他のクラスターと異なり規範的コミットメントが高いので規範型とした（男性$n = 161$，女性$n = 78$）。第2クラスターは，諦め・機能的コミットメントが低く，規範的コミットメントも低いので愛情型とした（男性$n = 120$，女性$n = 221$）。第3クラスターは，人格的コミットメントが最も低いので疎遠型とした（男性$n = 99$，女性$n = 150$）。最後に，最も人数の多かった第4クラスターは，いずれのコミットメントとも平均値に近く平均型とした（男性$n = 274$，女性$n = 278$）。

次に，抽出された4つの型間に各コミットメントで差がみられるかを確認した。男女別に各コミットメントを従属変数とする1要因の分散分析を行った。下位検定はTukey法によった。男性では，人格的コミットメント（F (3,650)

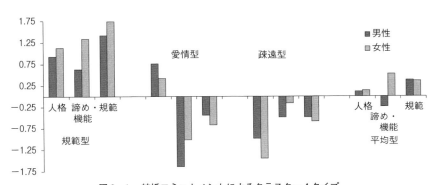

図3-1　結婚コミットメントによるクラスター4タイプ

= 334.49, $p<.001$), 諦め・機能的コミットメント（$F(3,650)=319.03$, $p<.001$), 規範的コミットメント（$F(3,650)=252.42$, $p<.001$）のいずれも有意で，下位検定の結果，規範的コミットメントにおける愛情型と疎遠型間を除く全ての型間で有意であり，人格的コミットメントの規範型と愛情型（$p<.05$), 諦め・機能的コミットメントの疎遠型と平均型（$p<.01$）以外はすべて$p<.001$で有意であった。女性も同様に，人格的コミットメント（$F(3,723)=418.56$, $p<.001$), 諦め・機能的コミットメント（$F(3,723)=387.59$, $p<.001$), 規範的コミットメント（$F(3,723)=338.93$, $p<.001$）のいずれも有意で，下位検定の結果，規範的コミットメントの愛情型と疎遠型間を除く全ての型間で$p<.001$で有意であった。

3．結婚コミットメントによる各クラスターの特徴

各クラスターの特徴を明らかにするために，表3-2に示す変数を従属変数とした1要因の分散分析を男女別に行った。得点は，年齢，関係満足度を除く全ての尺度とも，尺度の単純加算値を項目数で除した値を用いた。その結果，全ての変数に$p<.001$で主効果がみられた（表3-2）。下位検定はTukey法によった。なお，群間の差の検討は平均型を除く3型を中心に述べる。

年齢では，規範型が男女とも年齢が最も高く，愛情型が最も低かったが，愛

表3-2　結婚コミットメントによる各クラスターの特徴

		規範型	愛情型	疎遠型	平均型	F値
年齢	男性	66.02 (11.70)	57.67 (11.23)	60.81 (10.67)	61.50 (11.31)	13.08***
	女性	65.99 (12.03)	57.06 (11.23)	57.09 (11.63)	59.52 (11.09)	13.38***
愛情	男性	3.43 (0.46)	3.42 (0.46)	2.42 (0.60)	2.96 (0.38)	124.10***
	女性	3.48 (0.40)	3.15 (0.50)	2.03 (0.58)	2.85 (0.53)	180.23***
関係満足度	男性	8.65 (1.46)	8.85 (1.35)	6.09 (2.40)	7.69 (1.67)	59.82***
	女性	8.26 (1.96)	7.57 (1.93)	4.54 (2.37)	6.73 (2.11)	79.67***
低勢力認知	男性	2.29 (0.65)	1.86 (0.56)	2.53 (0.61)	2.28 (0.54)	25.50***
	女性	2.19 (0.75)	1.96 (0.58)	2.65 (0.75)	2.34 (0.58)	36.54***
性役割観	男性	3.11 (0.71)	2.79 (0.75)	2.78 (0.68)	2.88 (0.60)	7.80***
	女性	3.17 (0.67)	2.54 (0.70)	2.60 (0.68)	2.79 (0.60)	20.37***
主観的幸福感	男性	3.06 (0.33)	3.13 (0.41)	2.82 (0.43)	2.91 (0.32)	18.53***
	女性	3.08 (0.32)	3.01 (0.32)	2.71 (0.41)	2.86 (0.33)	30.79***

***$p<.001$

情型と疎遠型で有意な差はみられなかった。夫婦の愛情では型間の差が最も著しく，男女とも疎遠型が規範型・愛情型に比べて著しく低く（$p<.001$），特に女性で型間の違いが顕著で，全ての型間で$p<.001$で有意であった。なお，男性では，規範型と愛情型間に差はみられなかった。関係満足度も同様で，男女とも疎遠型が規範型・愛情型に比べて著しく低く（$p<.001$），やはり女性でその違いが顕著であったが，男女とも規範型と愛情型間に差はみられなかった。主観的幸福感では，規範型・愛情型が高く，かつ両者に差はみられず，疎遠型が低い（$p<.001$）ことに変わりはないが，これまでみられた差よりも小さくなっている。一方，低勢力認知ではこれまでと様相を異にする。男女とも疎遠型が高いのは当然だが（$p<.001$，ただし男性の疎遠型と規範型間では$p<.01$），規範型は愛情型に比べ，自らを低勢力と認知していた（男性$p<.001$，女性$p<.05$）。性役割観では，規範型が男女とも最も高く（$p<.001$），愛情型が伝統的な男女の性別役割分業に否定的であったが，疎遠型との間に差はみられなかった。

　これらの結果より，値に差はあるがいずれの型とも男女でよく似た特徴をもつ。第一に，年齢を除くいずれの変数も男性より女性で各型間の違いが大きく，特に夫婦の愛情と関係満足度で型間の差が大きかった。第二に，疎遠型はその特徴が明確だが，規範型と愛情型に共通するのは関係満足度や夫婦の愛情の高さ，主観的幸福感の高さであった。一方，両型で異なるのは，低勢力認知，性役割観，年齢で，愛情型が規範型より低いことであった。

考　　察

　結婚生活を長く送ってきた中高年期夫婦の結婚継続の理由として，人格的コミットメント，諦め・機能的コミットメント，規範的コミットメントがあり，そのどれに重きを置くかで男女とも共通の型が抽出され，規範型，愛情型，疎遠型，平均型と名付けられた。

　しかし，各コミットメントにはもともと大きなジェンダー差があり，自分を受容し理解してくれ，自分を最も信頼してくれる人として配偶者を位置づける人格的コミットメントは男性で高く，また，結婚（離婚）を道徳的な観点からとらえ，相手に責任をもち，社会的・道義的な観点から結婚・離婚を考える規

範的コミットメントも男性が高かった。それに対して，結婚を機能的な観点からとらえ，「夫婦とはしょせんこんなもの」という諦め・機能的コミットメントは女性が高かった。これは中年期が多数を占めた伊藤・相良（2015）と同様の結果であったが，高齢期の対象者が増えた今回のデータではさらにジェンダー差が増大した。また，子育て期と中高年期を比較したIto & Sagara（2016）でも，ジェンダー差は同様にみられたが，世代差（ステージ差）が人格的コミットメントではみられず，諦め・機能的コミットメント，規範的コミットメントでみられ，特に規範的コミットメントでは世代差が非常に大きかった。人格的コミットメントはジェンダー差はみられるものの，世代に関わりない個人的要因といえ，一方，規範的コミットメントは世代差が大きく関わる要因といえる。

次に，クラスターごとにその特徴をみてみると，人格的コミットメントが最も高かったのは予想に反して規範型で，規範型と名付けられた理由は，結婚生活の継続や離婚を，道徳や責任・規範など対社会的側面から考える規範的コミットメントが飛び抜けて高いことから付けられたものであった。この型は男女とも年齢が最も高く，性役割観は最も保守的で，愛情が高いにもかかわらず結婚生活において自らを低勢力であると認知していた。高齢期夫婦のコミットメントについて研究は多くないが，結婚生活を幸福に感じているカップルでは，互いの人格に対するコミットメントが高いことが報告されており（Robinson & Blanton, 1993），規範型において人格的コミットメントが高いことは同様だが，それ以外ではかなり様相を異にしていた。

一方，規範型と好対照をなすのが愛情型で，人格的コミットメントは規範型ほど高くないが規範型に次ぎ，夫婦の愛情や関係満足度，そして精神的健康も規範型と同様に高かった。しかし，規範型と大きく異なるのは規範的コミットメントが低く，かつ諦め・機能的コミットメントは最も低いことであった。すなわち，この型は配偶者との結婚生活を機能的な関係として位置づけておらず，性役割観は非保守的で，なによりも配偶者との関係で自らを低勢力，すなわち我慢をしているとは考えていないことであった。

この両型は，高齢期夫婦を関係性の視点からみた宇都宮（2004）の表面的関係性型と関係性達成型（後に人格的関係性型）に通ずるところがある。両型とも，精神的健康の指標であるモラールが高く，結婚満足感も高いことから，結

婚生活を肯定的に位置づけていることがわかる。しかし，表面的関係性型では，配偶者を役割遂行度，すなわち機能性の点から評価している。これらの点から宇都宮（2004）は，両型は「（結婚）満足感の拠り所が質的に異なる」という。

　本研究の規範型は年齢が高く，性役割観も最も保守的で，男性が一家の稼ぎ手で，女性は家庭を守り子どもを育てるという伝統的な性別役割分業観を強くもち，それを全うすることが夫婦関係満足度の源泉であった。しかし，一方で，自分は配偶者との関係において「我慢をしている」という思いが低勢力認知につながったと考えられる。これは先のRobinson & Blanton（1993）の高齢期夫婦が，結婚は社会的規範に支配されたものではなく，あくまで配偶者との関係によるものだと考えるのとは好対照といえる。結婚や配偶者の存在を役割ではなく人格レベルから意味づけ，配偶者との関係を対等で公平であると考える愛情型は，確かに親密性に基づくコミットメントによると考えられるが，自らの結婚生活が世間一般の「結婚のかたち」を満たしていることで結婚生活を肯定的に意味づけることができる規範型も，「結婚生活の満足の源泉が異なる」（宇都宮，2004）とはいえ，結婚の一つのありようといえるだろう。

　一方，これら二つの型に対して疎遠型では人格的コミットメントが最も低い。そのため配偶者への愛情も低く，特に女性では愛情も関係満足度も極端に低くなっている。日々の生活で配偶者に我慢を重ねているという低勢力認知は最も高く，そのため精神的健康も低いというものであった。結婚や配偶者の存在を機能的なものと割り切っているわけではなく，適応上問題を抱えている一群といえよう。

　本研究の問題点と今後の課題　本研究では中高年期夫婦の結婚コミットメントから，規範型，愛情型，疎遠型，平均型が抽出されたが，各得点が男女で大きく異なったため標準得点を用いた。そのためどのコミットメントもゼロに近い平均型が抽出され，しかもそれが半数近くに上った。この型については特に言及しなかったが，分析方法を変えることによってまた違った結果が得られることも考えられるため，検討の余地があるだろう。また，夫婦関係に関する研究は文化が異なればそのままでは適用しにくいといわれる（Fincham & Beach, 2006）。人格的コミットメントや愛情の高い規範型が，古い世代の性役割観に基づくものなのか，わが国の夫婦関係に特有のものなのかは，今後，慎

重に検討していかなければならないだろう。さらに，規範型や愛情型の配偶者がどのようなタイプであるか，夫婦の相互性という視点から夫婦ペアでの分析が必要になってくるといえよう。

■注
1）調査が年度をまたいで行われたのは高齢期のデータが少ないためで，2013年の調査では中高年期夫婦927名，2014年の調査ではおもに高齢期の対象者を651名追加した。

■引用文献
Adams, J. M., & Jones, W. (1997) The conceptualization of marital commitment: An integrative analysis. *Journal of Personality and Social Psychology*, **72**, 1177-1196.
Fincham, F. D., & Beach, S. R. H. (2006) Relationship satisfaction. In A. L. Vangelisti & D. Perlman (Eds.), *The Cambridge handbook of personal relationships*. New York: Cambridge University Press. pp.579-594.
池田政子・伊藤裕子・相良順子（2005）夫婦関係満足度にみるジェンダー差の分析：関係は，なぜ維持されるか　家族心理学研究，19，116-127．
稲葉昭英（2004）夫婦関係の発達的変化　渡辺秀樹・稲葉昭英・嶋崎尚子（編）　現代家族の構造と変容　東京大学出版会　pp.261-276．
伊藤裕子（2015）夫婦関係における親密性の様相　発達心理学研究，26，279-287．
伊藤裕子・池田政子・相良順子（2014）夫婦関係と心理的健康：子育て期から高齢期まで　ナカニシヤ出版
伊藤裕子・相良順子（2012）愛情尺度の作成と信頼性・妥当性の検討：中高年期夫婦を対象に　心理学研究，83，211-216．
伊藤裕子・相良順子（2015）結婚コミットメント尺度の作成：中高年期夫婦を対象に　心理学研究，86，42-48．
Ito, Y., & Sagara, J. (2016) Marital commitment between couples in child-rearing period and in middle-aged and elderly period. The 31st International Congress of Psychology. (Yokohama, Japan).
伊藤裕子・相良順子・池田政子・川浦康至（2003）主観的幸福感尺度の作成と信頼性・妥当性の検討　心理学研究，74，276-281．
Johnson, M. P., Caughlin, J. P., & Huston, T. L. (1999) The tripartite nature of marital commitment: Personal, moral, and structural reasons to stay married. *Journal of Marriage and the Family*, **61**, 160-177.
柏木惠子・平山順子（2003）夫婦関係　日本児童研究所（編）　児童心理学の進歩

Vol.42　金子書房　pp.85-117.
古村健太郎・松井　豊（2013）親密な関係におけるコミットメントのモデルの概観　対人社会心理学研究，**13**，59-70.
厚生労働省（2016）国民生活基礎調査の概況（平成27年）
　http://www.mhlw.go.jp/toukei/saikin/hw/k-tyosa/k-tyosa15/index.html（2016年8月15日）
落合恵美子（1997）21世紀家族へ（新版）：家族の戦後体制の見かた・超えかた　有斐閣
岡本祐子・村田朋子（2005）中年期夫婦における夫婦関係満足度と妻理解・平等主義的性役割観の関連　広島大学心理学研究，**5**，195-209.
Robinson, L. C., & Blanton, P. W. (1993) Marital strengths in enduring marriages. *Family Relations*, **42**, 38-45.
相良順子・伊藤裕子（2010）中高年期の夫婦関係における低勢力認知　日本心理学会第74回大会論文集，1323.
Sagara, J., Ito, Y., & Ikeda, M. (2006) Gender-role attitude and psychological well-being of middle-aged men: Focusing on employment patterns of their wives. *Japanese Psychological Research*, **48**, 17-26.
Saginak, K. A., & Saginak, M. A. (2005) Balancing work and family: Equity, gender, and marital satisfaction. *Family Journal*, **13**, 162-166.
宇都宮　博（1999）夫婦関係の生涯発達：成人期を配偶者とともに生きる意味　岡本祐子（編）女性の生涯発達とアイデンティティ　北大路書房　pp.179-208.
宇都宮　博（2004）高齢期の夫婦関係に関する発達心理学的研究　風間書房
宇都宮　博（2005）結婚生活の質が中高年者のアイデンティティに及ぼす影響：夫婦間のズレと相互性に着目して　家族心理学研究，**19**，47-58.

**第4章　子育て期の子どもをもつ夫婦の結婚コミットメント：
子の存在は離婚を思い止まらせるか**

　わが国では近年，子どもの貧困が問題となることが多いが，その背景にあるのは格差の拡大とともにひとり親家庭の増加がある。離婚は2002（平成14）年の29万件をピークにここ最近は婚姻数の減少もあって22〜23万件で推移し，平成に入ってから増減はあるものの離婚率は高止まりしている（厚生労働省，2014）。長寿命化から，同居期間20年以上の中高年の離婚が話題になるが，やはり深刻な問題をはらんでいるのは子育て期であろう。

　離婚が増加している要因にはいくつかあるが，最も大きいのは経済的要因で，女性の雇用機会の増大や各種社会保障制度が，離婚後の生活基盤を支えるものとして不十分ではあるが機能していることが挙げられる（榊原，2000）。同時に，世代により異なるものの「相手に満足できないときは離婚すればよい」という離婚への寛容性が飛躍的に増大していることがある（榊原，2000；東京都，2011）。かつてなら親権を争っても，生計手段がなければ子どもを婚家に置いてこざるを得なかったり，「子どものために」と離婚を思い止まるなど，夫婦という横の繋がりより，親子という縦の繋がりを重視してきた日本人にとって（柏木・平山，2003），子の存在は離婚を抑止する大きな要因であった。

　一方，結婚生活に目を転じれば，結婚生活の継続の質をとらえる指標としてコミットメントがある。宇都宮（1999）によれば，コミットメントには2つのレベルがあり，1つはシステムの安定で，結婚の機能性が確保されているか否かに関するものである。他の1つは親密性に基づくもので，今日でこそ結婚は第一義的に愛情や信頼に基づくものと考えられているが，システムの安定にとってそれを不可欠と考えるか否かである。恋愛関係と異なり，夫婦関係は親密性を欠いても関係を維持しうるからである（池田・伊藤・相良，2005）。その意味でコミットメントは，どのような態度で結婚生活に関わっているかであり，夫婦関係の継続のあり方を問うものである。

　結婚生活におけるコミットメントはいくつかの次元から構成されていると考

えられる。Johnson, Caughlin, & Huston（1999）では，関係に留まりたいと思う「個人的コミットメント」，関係を続けることを道徳的に義務と考える「道徳的コミットメント」，関係に留まることの拘束感ともいえる「構造的コミットメント」の3領域から成るとされる。Adams & Jones（1997）では，熱愛と個人的な献身に基づいた「配偶者へのコミットメント」，道徳的な義務感，遵守すべき制度としての「結婚へのコミットメント」，関係を解消しにくくさせるような外的要因の主観的評価で「罠にかかった気分」の3因子が報告されている。

　わが国で最初に結婚コミットメントを取り上げたのは宇都宮（2005）で，配偶者への愛情や信頼から成る「人格的コミットメント」，結婚の機能と離婚に関する「機能的コミットメント」，結婚に対する諦めを含む「非自発的コミットメント」の3因子が抽出された。その後，伊藤・相良（2015a）もほぼ同様の構造を見出しているが，宇都宮（2005）でみられなかった社会的・道徳的観点からの「規範的コミットメント」が抽出されている。これらは中高年期の夫婦を対象としたものだが，すでに子育て期において，結婚満足度の低い妻で，「個人としての関係」を諦め，「役割としての関係」のみで配偶者との関係を継続していく機序がわが国では明らかにされている（池田ら，2005）。家族や家庭の安定，なかでも子どものために，夫婦の親密性を諦め結婚に踏み止まることが日本の夫婦にはみられてきた。

　Allen & Meyer（1990）は，さまざまな組織における組織コミットメントが，情緒的愛着により組織に関与したいとする「情緒的コミットメント」，経済的理由から，あるいは他に代替するものがないために組織に留まる必要がある「継続的コミットメント」，義務感や規範意識，道徳的観念から組織に関与しなければならないとする「道徳的コミットメント」で構成される3次元組織コミットメント・モデルを提唱しているが，結婚コミットメントも構造的にはこれとかなり類似したものだといえる。それゆえ，結婚が夫婦の親密性からのみ成り立つわけではなく，機能性，さらには社会的（規範的）あるいは道徳的関係から維持されていることがわかる。

　コミットメントは，成人前期の求婚期や新婚期には比較的多く取り上げられるが，高齢期の研究はきわめて少なく（Robinson & Blanton, 1993；宇都宮,

2004)．さらに，子育て期には夫婦二人だけではない他の要因も加わってくるためほとんど研究されていない（Fincham & Beach, 2010）。また，日本の場合，これまで夫婦中心ではなく，親子が中心となって家族が営まれてきたため，子育て期の夫婦がどのような理由で結婚生活を継続しているのかを明らかにする必要があるだろう。なお，子育て期夫婦の問題については，伊藤（2015）が妻の夫婦関係満足度の低下から，牧野・石井（2015）は国際比較からみた母親と父親の問題を論じている。

　そこで本研究では，第一に，子育て期の結婚コミットメントの構造を明らかにすることを目的にする。わが国の中高年期において，すでに結婚コミットメントの構造が明らかにされているが，子どもの存在が夫婦の結婚コミットメントにどのような意味をもつのか明らかにしたい。なお，妥当性の検討は，伊藤・相良（2015a）と同様の測度で行う。第二に，子育て期の夫婦関係のあり方とコミットメントとの関係を明らかにする。特に男性の育児へのかかわりが夫婦関係にどのような影響を及ぼしているのかを明らかにしたい。第三に，今日でも子どもの存在が離婚の抑止につながっているのか，離婚の意思とコミットメントとの関係を明らかにする。

　なお，ここでいう子育て期とは，通常の乳幼児期の子どもをもつ親ではなく，児童期の子どもをもつ親とした。それは子どもの貧困が問題となり，かつ，離婚が多い結婚して5年未満ではなく，離婚率の高い期間[1]（子どもが児童期にさしかかる結婚後5〜10年の期間）に該当するからである。

方　　法

　調査対象と方法および対象者の属性は，序章2節2015年調査の通りである。調査対象は，児童期の子どもをもつ子育て期の夫婦で，女性509名，男性312名，計821名で（有効回答率41.1%），調査は2015年6月に実施された。

　平均年齢は男性41.7歳（$SD=5.2$），女性40.1歳（$SD=4.8$），平均結婚年数は男性13.0年（$SD=4.0$），女性13.1年（$SD=4.0$）であった。

　なお，本研究の分析対象者は有配偶で，結婚コミットメントに回答した746名である[2]。

　分析の測度は大別して，子育て期における結婚コミットメントと妥当性検討

のための測度（夫婦の愛情，低勢力認知，性役割観），愛情と低勢力認知を除く夫婦の関係性（会話時間，意見の一致，離婚の意思），および家庭への関わり（費やすエネルギー，家事・育児の分担割合）であった。

結　果

1．尺度の作成

　子育て期夫婦の結婚生活へのコミットメント構造を明らかにするため因子分析（主因子法，プロマックス回転）を行った。中高年期では，人格的，諦め・機能的，規範的コミットメントの３因子が抽出されており，今回子どもに関する項目を追加したので４因子解で行った[3]。回転前の負荷量平方和の累積は59.33％であった。結果は表４-１の通りである。

　人格的，諦め・機能的コミットメントはともに負荷量も高く，項目も中高年期と全く同一だった。一方，規範的コミットメントは負荷量が若干低い項目が含まれ，人格的コミットメントと一部で重複した。今回，新たに加わった子どもを媒介とする子の存在コミットメントは，予想通り高い負荷量で一つにまとまった。因子間相関から，人格的コミットメントは他のコミットメントとはほぼ相関がなく，一方，諦め・機能的コミットメントは子の存在コミットメントと高い相関がみられた。また，規範的コミットメントは諦め・機能的コミットメント，子の存在コミットメントと中程度の相関を示した。

　尺度の信頼性を示すα係数は，順に0.93, 0.85, 0.84, 0.82で，十分な内的整合性が得られた。なお，ターゲットを４因子にして確認的因子分析を行ったところ，GFI 0.799，AGFI 0.763と高くはないが，１自由度あたりの適合度指標であるRMSEAが0.086と許容範囲にあった。

　次に，本尺度の妥当性の検討を行った。得点は，各尺度に含まれる項目の単純加算値を項目数で除した値を用いた。以下，尺度得点として用いる場合は全て同様の処理をした。結果は，表４-２に示す通りである。まず，夫婦の愛情は人格的コミットメントと非常に高い相関がみられた。配偶者に愛情がもてることは，結婚生活の継続の質が個人的・情緒的理由によるものといえる。次に，配偶者との関係における低勢力認知は，人格的コミットメントとは負の，諦め・機能的コミットメントとは正の，さらに子の存在コミットメントとも正の相関

表4-1 子育て期の結婚コミットメント因子分析結果（主因子法・プロマックス回転）

	項目内容	I 人格的	II 諦め・機能的	III 子の存在	IV 規範的
24	配偶者は私の欠点も含めて受け入れてくれる人だから	**.886**	−.009	−.087	−.069
23	配偶者のことを誰よりも信頼しているから	**.885**	−.083	−.113	.013
30	配偶者のことを心の支えにしているから	**.877**	−.078	−.046	.024
19	配偶者は私のことを一番わかってくれる人だから	**.826**	−.064	−.050	.039
18	配偶者はこれまでの家族の歴史を共有できる相手だから	**.763**	.040	.061	−.105
2	配偶者との関係は，私の人生のなかで重要なものだから	**.761**	−.129	−.052	.007
14	普段，配偶者がいることで安心して暮らしていけるから	**.658**	.223	.121	−.139
25	もし私が配偶者のもとを去ったなら，後悔が残ると思うから	**.643**	.066	.083	.031
7	離婚に至る過程とその手続きが面倒だから	−.134	**.756**	−.084	.058
3	いまさら別の人とやり直すのは面倒だから	−.072	**.738**	−.160	.102
4	離婚しても，幸福が約束されているわけではないから	.000	**.729**	−.040	.038
9	何かにつけて配偶者がいると便利だから	.078	**.729**	−.124	.069
28	配偶者がいないと老後が何かと不便だから	.207	**.573**	.048	.047
17	誰と結婚しても，結婚生活など似たり寄ったりだから	−.141	**.511**	.186	−.086
21	配偶者がいないと経済的に成り立たないから	.095	**.496**	.187	−.127
26	分かり合えなくても，"夫婦とはしょせんこんなもの"と思うから	−.089	**.495**	.293	−.201
16	配偶者に愛情を感じられなくても，子どものために離婚は避けるべきだから	−.203	−.018	**.768**	.062
27	たとえいがみ合っていても，子どものために離婚は踏み止まるべきだと思うから	−.080	−.113	**.749**	.121
20	子どもの幸せのためなら多少の理不尽は我慢すべきだと思うから	.031	−.085	**.715**	−.028
12	離婚することで，子どもに辛い思いをさせたくないから	.162	.061	**.656**	−.039
11	結婚生活が無意味だと感じても，子どもが成人するまでは家庭を維持すべきだと思うから	−.183	.137	**.576**	.085
5	子どもにとってふた親が揃っていることは必要だから	.282	.097	**.489**	−.074
13	離婚することは道徳的に間違っているから	−.024	−.149	.059	**.881**
1	離婚は恥ずべきことと考えているから	−.114	.043	−.031	**.675**
15	離婚することで社会的な信用を失いたくないから	−.087	.241	−.044	**.669**
22	結婚していることにこそ価値があると思うから	.261	.082	.110	**.361**
8	結婚した以上，最後まで相手に責任をもつのは当然だから	.416	.022	.166	**.315**
29	一度決めたことだから，最後まで関わり続けようと思うから	.328	.175	.204	**.301**
因子間相関	II	.015			
	III	.059	.693		
	IV	.224	.544	.564	

表4-2 結婚コミットメントと他の変数との相関係数

	人格的		諦め・機能的		子の存在		規範的	
	男性	女性	男性	女性	男性	女性	男性	女性
愛　　　情	.73***	.85***	−.15*	−.15**	−.16**	−.11*	.18**	.20***
低勢力認知	−.33***	−.45***	.28***	.20***	.30***	.17***	.12*	—
性役割観	.18**	—	—	.18***	.19**	.28***	.19**	.25***

*$p<.05$, **$p<.01$, ***$p<.001$

がみられた。我慢をしたり，相手の都合を優先させなければならないことが，結婚生活への諦めや「子どものために」というコミットメントにつながっていくものと考えられる。最後に，性役割観は，子の存在，規範的コミットメントと正の相関がみられた。ここでいう性役割観は伝統的な男女の役割規範を示しており，特に女性では伝統的な性役割観を是認することが，規範的コミットメントや「子どものために」結婚生活を継続することにつながるものと考えられる。以上より，本尺度の妥当性は確証された。

なお，本研究で使用する夫婦の意見の一致についても尺度の検討を行った。主成分分析の結果，1項目（子どもの将来について期待することは夫婦で一致している）を除いて負荷量が0.70以上で，この項目を除いた5項目で尺度を作成した。α係数は0.86であった。

2．結婚コミットメントの基礎統計量

男女によって結婚コミットメントに違いがみられるか検討した。結果は，表4-3に示す通りである。中高年期同様，人格的，規範的コミットメントは男

表4-3 結婚コミットメントの男女別平均値（SD）とt検定結果

	男性	女性	t値
人格的	3.88 (0.79)	3.75 (0.93)	2.07*
諦め・機能的	2.52 (0.81)	2.99 (0.79)	7.73***
子の存在	3.23 (0.87)	3.37 (0.87)	2.18*
規範的	2.74 (0.85)	2.60 (0.78)	2.20*

*$p<.05$, ***$p<.001$

性の方が高かった。また，諦め・機能的コミットメントは女性の方が高かった。一方，子の存在コミットメントでは男性より女性の方が高かった。

3．結婚コミットメントからみた家庭への関わり

結婚コミットメントが夫婦の関係性や家庭への関わりとどのように関連しているかを男女別にみた（表4-4）。

まず，会話時間は男女とも人格的コミットメントと強い相関がみられた。また，夫婦の意見の一致は，男女とも人格的コミットメントとは正の，諦め・機能的，子の存在コミットメントとは負の相関を示し，特に女性で人格的コミットメントと相関が高かった。一方，離婚の意思は，男女とも人格的，規範的コミットメントと負の相関を示し，女性では前者との負の相関が特に高かった。しかも男性ではみられなかったが，女性では諦め・機能的，子の存在コミットメントと相関がみられた。

次に，家庭との関わりで仕事・家庭・それ以外に費やすエネルギーでは，女性は結婚コミットメントと全く相関がみられなかったが，男性では家庭に向けるエネルギーが人格的コミットメントと相関がみられた。一方，家事や育児における夫の分担割合の高さは，女性の人格的コミットメントと相関がみられた。これ以外で関連がみられたのはいずれも夫の家事ではなく育児であった。

表4-4　結婚コミットメントと他の変数との相関

	男性				女性			
	人格的	諦め・機能的	子の存在	規範的	人格的	諦め・機能的	子の存在	規範的
会話時間	.44***	—	—	.13*	.44***	−.10*	—	.10*
意見の一致	.28***	−.17**	−.21***	—	.47***	−.20***	−.16**	—
離婚の意思	−.39***	—	—	−.15*	−.77***	.16**	.15**	−.18***
エネルギー：仕事	—	—	—	—	—	—	—	—
エネルギー：家庭	.24***	—	—	—	—	—	—	—
エネルギー：それ以外	−.15*	—	—	—	—	—	—	—
家事：夫の分担割合	—	—	—	—	.21***	—	—	—
育児：夫の分担割合	.13*	—	—	—	.34***	—	−.16**	—

$^*p<.05$，$^{**}p<.01$，$^{***}p<.001$

4．結婚コミットメントと離婚の意思

　子育て期において結婚コミットメントにより離婚の意思が異なるかを検討した[4]。離婚の意思は，男性では「離婚など考えたことがない」が65.1％と大半で，「離婚したい」は1人のみだったので，「選択肢はあり得る」（9.0％）に組み入れた。一方，女性では「選択肢はあり得る」が24.4％と1／4に上り，「近い将来したい」「今すぐしたい」と離婚したい者が5.9％いた。本分析の対象者となっていないが，すでに離婚している者も本研究では女性で4.9％おり，男性と女性で離婚の意思が大きく異なった。なお，女性の「近い将来したい」と「今すぐしたい」は人数が少ないためまとめるべきだが，明らかに解答傾向が異なるのでそのままにした。

　男女別に離婚の意思を要因とする分散分析を行った。なお，下位検定はTukey法によった。男性では，人格的（$F(2,275)=24.04$, $p<.001$）および規範的（$F(2,275)=3.16$, $p<.05$）コミットメントで差が有意で，諦め・機能的，子の存在コミットメントでは差がみられなかった。一方，女性では，すべてのコミットメントで有意な差がみられた（人格的（$F(4,438)=160.23$, $p<.001$），諦め・機能的（$F(4,438)=11.72$, $p<.001$），子の存在（$F(4,438)=6.69$, $p<.001$），規範的（$F(4,438)=8.27$, $p<.001$））。男女とも人格的コミットメントで差が最も大きく，離婚の意思が強くなるほど人格的コミットメントは減少した。規範的コミットメントも同様で，離婚の意思が強くなるほどコミットメントも低下した。しかし，男性で差がみられなかった諦め・機能的，子の存在コミットメントが女性では有意で，しかも離婚の意思を全く持たない者から「近い将来したい」と離婚願望が強くなるにしたがって，諦め・機能的コミットメント（$M=2.73→3.14→3.23→3.46$）や子の存在コミットメント（$M=3.14→3.52→3.58→3.77$）が高くなるが，離婚の意思が最も強い「今すぐしたい」という者では，離婚の意思を全く持たない者と同程度に低かった（諦め・機能的$M=2.56$，子の存在$M=3.15$）。

考　　察

1．子育て期の結婚コミットメント

　わが国における子育て期の結婚コミットメントは，第一に，配偶者個人に向

けられたもので，自分を理解し受容してくれる，かけがえのない存在としての「人格的コミットメント」，第二に，結婚の機能性，すなわち結婚生活に留まることで得られる利益や利便性，その一方で結婚への諦めを含む「諦め・機能的コミットメント」，第三に，結婚・離婚を道徳的あるいは社会的観点からとらえる「規範的コミットメント」が見出され，これに「子どものために」離婚は避けるべきだと考える「子の存在コミットメント」の4因子が抽出された。前三者はすでに中高年期で抽出された因子で（伊藤・相良，2015a），これに子の存在コミットメントが新たなまとまりとして子育て期の結婚コミットメントに加わった。

人格的コミットメントは愛情尺度との相関が著しく高く，ほぼ同義といっても差し支えない。全ての因子の中で値が最も高く（$M=3.80$（$SD=0.88$）），子育て期にあっても結婚生活の継続は愛情や信頼に基づいた個人的で情緒的なコミットメントが第一義的なものになっている。また，規範的コミットメントと弱い相関がみられるが，他のコミットメントとの相関はなく，あくまで配偶者個人との関係性から生まれたもので，いわゆる親密性に基づくものであり，今日では結婚コミットメントの中核をなすといえよう。

一方，新たに抽出された子の存在コミットメントは，わが国の夫婦関係に特有のコミットメントといえる。子どもが生まれる前から子の誕生後までの夫婦関係を縦断的に追った研究によると，社会に関わる自分，夫／妻としての自分，父親／母親としての自分の3つを，全体を10としたときどのように割り振ったかを各時期で尋ねたところ，子の誕生後，夫は社会に関わる自分の割合がさらに大きくなり，妻は母親としての自分の割合が顕著に増大した。他方，男女いずれとも夫／妻としての自分の割合は親になると小さくなる傾向がみられた（小野寺，2013）。夫婦が中心のアメリカ社会では，子の誕生は夫婦関係に重大な危機をもたらすが（Gottman & Silver, 1999／2007），子どもが家庭の中心を占める日本社会では，小野寺（2013）にみるように，夫は稼ぎ手としての，妻は母親としての意識をより強めることになる。実際，子の存在コミットメントは人格的コミットメントに次いで値が高く（$M=3.31$（$SD=0.87$）），子どものために離婚は避けるべきで，多少のことは我慢すべきであると日本の夫婦の多くは考える。そのことは特に男性では低勢力認知と，女性では伝統的な性役

割観と結びつき，結果的に，諦め・機能的コミットメントとの相関の高さが物語るように，結婚生活の諦めへと容易に結びつきやすい。

最後に，規範的コミットメントについて考えてみたい。このコミットメントは，伝統的な社会通念，道徳的観念を示すもので，中高年期の結婚コミットメントの中でも世代差が大きく（伊藤・相良，2015a），今回はそれより若い子育て期ということで世代差は非常に大きかった（Ito & Sagara, 2016）。中高年期の夫婦を対象にした結婚コミットメントを用いたクラスター分析では，男女とも規範的コミットメントが飛び抜けて高い規範型が抽出されているが（伊藤・相良，2015b），中高年世代にもたれている結婚の規範，すなわち道徳的観点から結婚は契約であり献身だという考えは，世代が若くなると共有されるわけではない。それは規範的コミットメントが他のコミットメントに比べて最も低いこと（$M=2.65$（$SD=0.81$））からもいえるだろう。

なお，中高年期の結婚コミットメント3因子に新たな項目を加え，本研究で4因子を抽出した後に確認的因子分析を行ったが，GFIやAGFIの値は十分に高いとはいいがたかった。しかし，豊田（2002）によれば，観測変数の数が多く自由度が大きいモデルでは，GFIやAGFIの値ではなく，むしろ自由度による影響が少ないRMSEAに注目すべきであるという。本尺度の観測変数は28と多く，もちろん自由度も非常に大きい。そのためGFIやAGFIではなくRMSEAに注目したところ，0.086という許容範囲にあった。先にも記したように，適合度を下げているのは規範的コミットメントで，逆に，そのことによって世代による違いが明らかになったといえるだろう。

2．子育て期の夫婦関係と結婚コミットメント

まず，結婚コミットメントと夫婦の関係をみると，会話時間，意見の一致，離婚の意思とも人格的コミットメントと中程度から強い相関がみられた。人格的コミットメントは妥当性の検討でもみられたように愛情と相関が高く，いわば夫婦の親密性を表す指標といえる。夫婦のコミュニケーションは夫婦関係の中核をなし（伊藤・相良・池田，2007；生命保険文化センター，1995），また，項目内容はいくぶん異なるが，意見の一致は夫婦の愛情と関連がみられた（菅原・詫摩，1997）。さらに，離婚の意思について，「選択肢はあり得る」「（近

い将来／今すぐにでも）離婚したい」など，本研究では3割の女性が離婚を考えているが，人格的コミットメントと非常に強い負の関連がみられた。このことから，子育て期にあっても人格的コミットメントは結婚生活の中核をなし，特に女性にとって配偶者に人格的コミットメントがもてるか否かが結婚生活の継続を左右するといえよう。

一方，個人のエネルギーをどのように使ったかとコミットメントとの間に，女性では全く関連がみられなかったが，男性では家庭に注ぐエネルギーの高さが人格的コミットメントと関連した。男性では，配偶者との関係性が主観的なエネルギー配分に関わってくるといえよう。

さらに，夫の家事・育児分担について，男性より女性で関連が高く，特に夫の育児分担が高いことが女性の人格的コミットメントと高く関連していた。夫の育児への関与が妻の育児不安を低減し（牧野，2005），妻の子育て関与の多さが子育て期はもちろん，物理的な子育て負担が軽減する中年期になっても夫婦関係満足度を減じていた（伊藤・池田・相良，2003）。このことから夫の家庭関与，なかでも子育て関与が女性の人格的コミットメントと強く関連するといえよう。

3．子育て期における離婚の意思と結婚コミットメント

今日における離婚はかつての離婚とは様相を若干異にする。本研究で離婚を多少でも考えている女性は3割にのぼり，また，離婚の意思は特に女性において人格的コミットメントと非常に高い負の関連がみられたが[5]，それはすなわち「離婚すること」を意味しない。逆にいえば，女性にとって機能的な関係から利益を得たり，「子どものために」と言えるうちは，結婚生活を継続しうるが，配偶者に愛情を感じられない，人格的コミットメントをもちえなくなると離婚に至るということがいえよう。それは「できれば離婚したい」と漠然と考えるうちは，子の存在が離婚の抑止になろうが，具体的に離婚を考えるようになると，子の存在は離婚の抑止にはなり得ない。「子どものために」というのは，かつては女性一人では生活手段がないため真の理由であったかもしれないが，今日ではいわば自己への理由づけであろう。子の存在は一定程度までは離婚の抑止になりうるが，今日において結婚生活を継続させうるのは，やはり人格的

コミットメントなのだといえよう。

4．本研究の問題点と今後の課題

　本研究の問題点として，離婚の意思の内容が男女で若干異なったことが挙げられる。女性の場合，経済的要因が最も大きいため，「経済的に可能なら」とその要因を棚上げした点であった。夫婦関係研究でネガティブな変数が尺度として作られることは非常に少なく，結婚を解消するときの要因が男女で異なることが考えられるため，離婚の意思を尺度として尋ねる必要があるだろう。

　また，本研究では子育て期夫婦の結婚コミットメントの構造を明らかにしたが，特に規範的コミットメントが高齢期の世代とは異なるため，一部に適切でない項目が含まれていた。これらの項目の扱いを今後検討したい。

　さらに，子の存在が離婚の意思とどのように関わるかを明らかにしたが，少なくとも中年期において子の存在の有無は精神的健康を左右するものではなく（福島・沼山，2015），結婚コミットメントが子の存在の有無によってどのように異なるかを今後検討していきたい。

■注
1）平成に入ってから平成14年をピークに離婚件数は減少している。しかし，依然として婚姻期間が5～10年未満では高いままである（厚生労働省，2014）。
2）本研究ではペアデータとして分析していない。配偶者はいるが，夫票のない妻票だけのデータが180票近くあり，また，ペアデータのみを扱うと，「ともに回答を寄せた夫婦」ということで，サンプルの偏りが考えられるからである。
3）因子分析は，先行研究で3因子が抽出されているので今回は因子数を指定して行い，3因子に関しては同一の下位尺度（項目）によって中高年期の結婚コミットメントと比較するため，因子内容・項目とも中高年期と揃えた。
4）ここでは結婚コミットメントと離婚の意思の関係をみるため，前者を従属変数，後者を独立変数とする分散分析を行った。両者の関係を逆にして行うべきだが，各因子で上位群・下位群を作ると，その群に入ってくる個人が異なるので，離婚の意思の有無でコミットメントをみた。
5）離婚の意思と人格的コミットメントの相関が，男性で−.39，女性で−.77は，相関の差の検定では有意であった（$z=3.555$, $p<.001$）。

■引用文献

Adams, J. M., & Jones, W. (1997) The conceptualization of marital commitment: An integrative analysis. *Journal of Personality and Social Psychology*, 72, 1177-1196.

Allen, N. J., & Meyer, J. P. (1990) The measurement and antecedent of affective, continuance, and normative commitment. *Journal of Occupational Psychology*, 63, 1-18.

Fincham, F. D., & Beach, S. R. H. (2010) Marriage in the new millennium: A decade in review. *Journal of Marriage and the Family*, 72, 630-649.

福島朋子・沼山 博 (2015) 子どもの有無と主観的幸福感：中年期における規定因を中心として 心理学研究, 86, 474-480.

Gottman, J., & Silver, N. (2007) 結婚生活を成功させる七つの原則 (松浦秀明訳) 第三文明社 (Gottman, J., & Silver, N. (1999) *The seven principles for making marriage work.* New York: Brockman)

池田政子・伊藤裕子・相良順子 (2005) 夫婦関係満足度にみるジェンダー差の分析：関係は，なぜ維持されるか 家族心理学研究, 19, 116-127.

伊藤裕子 (2015) 夫婦関係における親密性の様相 発達心理学研究, 26, 279-287.

伊藤裕子・池田政子・相良順子 (2003) 職業生活と家庭生活が夫婦の心理的健康に及ぼす影響：ジェンダーギャップの視点から 平成13〜14年度科学研究費補助金研究成果報告書 (研究代表者：伊藤裕子, 課題番号13837026)

伊藤裕子・相良順子 (2010) 中年期から高齢期における夫婦の役割意識：個別化の視点から 文京学院大学人間学部研究紀要, 12, 163-176.

伊藤裕子・相良順子 (2012) 愛情尺度の作成と信頼性・妥当性の検討：中高年期夫婦を対象に 心理学研究, 83, 211-216.

伊藤裕子・相良順子 (2015a) 結婚コミットメント尺度の作成：中高年期夫婦を対象に 心理学研究, 86, 42-48.

伊藤裕子・相良順子 (2015b) 結婚コミットメントからみた中高年の夫婦関係 (2) 日本心理学会第79回大会論文集, 1270.

Ito, Y., & Sagara, J. (2016) Marital commitment between couples in child-rearing period and in middle-aged and elderly period. The 31st International Congress of Psychology. (Yokohama, Japan).

伊藤裕子・相良順子・池田政子 (2007) 夫婦のコミュニケーションが関係満足度に及ぼす影響：自己開示を中心に 文京学院大学人間学部研究紀要, 9, 1-15.

Johnson, M. P., Caughlin, J. P., & Huston, T. L. (1999) The tripartite nature of marital commitment: Personal, moral, and structural reasons to stay married. *Journal of Marriage and the Family*, 61, 160-177.

柏木惠子・平山順子 (2003) 夫婦関係 日本児童研究所 (編) 児童心理学の進歩 Vol.42 金子書房 pp.85-117.

厚生労働省 (2014) 平成26年人口動態統計月報年計 (概数) の概況 http://www.mhlw.go.jp/toukei/saikin/hw/jinkou/geppo/nengai14/dl/

gaikyou 26.pdf（2016 年 12 月 13 日）

牧野カツコ（2005）子育てに不安を感じる親たちへ：少子化家族の中の育児不安　ミネルヴァ書房

牧野カツコ・石井クンツ昌子（2015）母親と父親　平木典子・柏木惠子（編）　日本の親子：不安・怒りからあらたな関係の創造へ　金子書房　pp.21-44．

小野寺敦子（2013）家族・親子に関する基礎研究と実践活動とのインターフェイス　発達心理学研究，**24**，474-483．

Robinson, L. C., & Blanton, P. W. (1993) Marital strengths in enduring marriages. *Family Relations*, **42**, 38-45．

相良順子・伊藤裕子（2010）中高年期の夫婦関係における低勢力認知　日本心理学会第 74 回大会論文集，1323．

榊原富士子（2000）夫婦関係の終結のあり方：離婚をめぐる諸問題　善積京子（編）結婚とパートナー関係：問い直される夫婦　ミネルヴァ書房　pp.212-235．

生命保険文化センター（1995）夫婦の生活意識に関する調査：夫婦の相互理解を求めて　（財）生命保険文化センター

菅原ますみ・詫摩紀子（1997）夫婦間の親密性の評価：自記入式夫婦関係尺度について　精神科診断学，**8**，155-166．

東京都（2011）男女平等参画に関する世論調査結果 2-1 結婚，離婚等についての意識　http://www.metro.tokyo.jp/INET/CHOUSA/2011/05/6015n117.htm（2016年2月13日）

豊田秀樹（2002）「討論：共分散構造分析」の特集にあたって　行動計量学，**29**，135-137．

宇都宮　博（1999）夫婦関係の生涯発達：成人期を配偶者とともに生きる意味　岡本祐子（編）　女性の生涯発達とアイデンティティ：個としての発達・かかわりの中での成熟　北大路書房　pp.179-208．

宇都宮　博（2004）高齢期の夫婦関係に関する発達心理学的研究　風間書房

宇都宮　博（2005）結婚生活の質が中高年者のアイデンティティに及ぼす影響：夫婦間のズレと相互性に着目して　家族心理学研究，**19**，47-58．

第5章　子育て期と中高年期の結婚コミットメント

1節　子育て期の結婚コミットメントと夫婦関係：意見の一致を中心に

　子育て期には，夫婦はさまざまなことに対処しなければならない。住まいや子どものことなど夫婦で決めなければならないことは多い。夫婦の意見の一致は結婚の質を左右する。そこで子育て期の結婚コミットメントと夫婦関係，特に意見の一致を中心にその関係を明らかにする。

方　　法

　調査対象と方法および対象者の属性は，序章2節2015年調査の通りである。小学生を子どもにもつ子育て期の夫婦で，男性312名，女性509名，計821名，平均年齢は男性41.7歳（$SD=5.2$），女性40.1歳（$SD=4.8$），平均結婚年数は13.0年（$SD=4.0$）であった。分析対象は配偶者のいる746名である。
　分析の測度は，伊藤・相良（2017）による子育て期の結婚コミットメント，夫婦の意見の一致6項目5件法，愛情尺度（伊藤・相良，2012），低勢力認知（相良・伊藤，2010）であった。

結果と考察

1．夫婦の意見の一致尺度の作成

　6項目について主成分分析を行ったところ，1項目を除いて成分負荷量が.70以上であったので，表5-1に示す5項目によって夫婦の意見の一致尺度を作成した。αは0.86で十分に高く，負荷量平方和は63.62%であった。平均値（逆転）は，男性3.50（$SD=0.76$），女性3.50（$SD=0.85$）で，男女の差はみられなかった。すなわち，夫婦間の意見の一致において夫と妻の認知にズレはみられない。

第5章 子育て期と中高年期の結婚コミットメント

表5-1 夫婦の意見の一致 主成分分析結果

項目内容	I
4 子どもの習い事について配偶者と意見が一致しないことが多い	.86
5 子どものしつけについて配偶者と意見が合わないことが多い	.82
1 子どもの塾の選択など教育方針において配偶者とずれがある	.78
6 住まいのもち方・あり方について配偶者と意見が一致しない	.77
3 休日をどう過ごすかについて配偶者と意見が合わないことが多い	.75
固有値	3.18

2．意見の一致と結婚コミットメント，愛情，低勢力認知

人格的コミットメントと規範的コミットメントは男性が高く，諦め・機能的コミットメントと子の存在コミットメントは女性が高いことが伊藤・相良 (2017) で明らかにされているが，結婚の質に関わる愛情と低勢力認知で男女の平均値を比較したところ，愛情では男性3.06 ($SD=0.59$)，女性2.92 ($SD=0.69$) で$t=3.01$ ($p<.01$)，低勢力認知では男性2.24 ($SD=0.63$)，女性2.10 ($SD=0.71$) で$t=2.86$ ($p<.01$) で，いずれも男性の方が高かった。

一方，夫婦の意見の一致と結婚コミットメントおよび愛情，低勢力認知との相関を表5-2にみると，結婚コミットメントでは，人格的コミットメントと正の相関がみられ，特に女性において高かった。諦め・機能的コミットメント，子の存在コミットメントでは，男女とも負の相関がみられ，規範的コミットメントとは相関が全くみられなかった。また，愛情とも高い相関がみられ，人格的コミットメント同様，女性において高かった。さらに低勢力認知では，男女とも高い負の相関がみられた。

このように子育て期における夫婦の意見の一致は，互いの人格的な結びつき

表5-2 夫婦の意見の一致と結婚コミットメントおよび他の夫婦関係変数との相関

	人格的C	諦め・機能的C	子の存在C	規範的C	愛情	低勢力認知
男 性	.28***	−.17**	−.21***	−.05	.39***	−.42***
女 性	.47***	−.20***	−.16**	−.06	.52***	−.46***

$p<.01$，*$p<.001$

に裏打ちされ，愛情があることで互いに歩み寄れるし，歩み寄ることで愛情を感じる。そうでなければ「自分が我慢をしている」という認知が高まり，子どものために，あるいは配偶者を機能的な存在として位置づけ，関係を諦めるという様子がうかがえる。

2節　子育て期と中高年期の結婚コミットメント

　結婚生活の継続の質をとらえる指標としてコミットメントがあり，個人的・情緒的側面，道徳的・倫理的側面，道具的・機能的側面が指摘されている（Adams & Jones, 1997；Johnson, Caughlin, & Huston, 1999；宇都宮，2005）。日本でも中高年期の夫婦を対象に3側面が抽出されているが（伊藤・相良，2015），親子関係中心に営まれてきた日本の家族では，結婚コミットメントがライフステージによって異なるか子育て期と中高年期で比較する。

方　　法

　調査対象は，序章2節の2013年・2014年の中高年期の夫婦と，2015年の子育て期の夫婦を合わせた2,138名（男性948名，女性1,190名）で，調査方法および対象者の属性は前述の通りである。分析の測度は，結婚コミットメントだが，中高年期は伊藤・相良（2015）の23項目5件法（人格的，諦め・機能的，規範的コミットメントの3下位尺度から構成），子育て期は伊藤・相良（2017）の28項目5件法（上記3下位尺度に子の存在コミットメントを加えたもの）であった。

結果と考察

　2つのライフステージに共通する3因子では，ジェンダーとステージを要因とする2要因分散分析を行った。子の存在コミットメントは男女でt検定を行った。結果は，表5-3に示す通りである。
　人格的コミットメントはジェンダー差のみでステージ差はなく，男性が女性より高かった。人格的コミットメントは愛情（伊藤・相良，2012）との相関が非常に高く，ライフステージに関わりなく夫婦の関係性を表しているものと

表 5-3　子育て期と中高年期の結婚コミットメント

	男性		女性		ジェンダー $F\,(t)$	ステージ F	交互作用 F
	子育て期	中高年期	子育て期	中高年期			
人格的コミットメント	3.88 (0.79)	3.99 (0.74)	3.75 (0.93)	3.75 (0.91)	21.89***	ns	ns
諦め・機能的コミットメント	2.52 (0.81)	2.79 (0.82)	2.99 (0.79)	3.01 (0.86)	95.34***	21.78***	5.68*
規範的コミットメント	2.74 (0.85)	3.19 (0.83)	2.60 (0.78)	2.90 (0.86)	31.26***	95.28***	4.59*
子の存在コミットメント	3.23 (0.87)	──	3.37 (0.87)	──	2.18*		

*$p<.05$,　***$p<.001$

思われる。諦め・機能的コミットメントはジェンダー差が非常に大きく，ステージ差，交互作用も有意であった。この因子は配偶者や結婚生活に過剰な期待を抱かず，諦めながらそこに踏み止まるという意味で，日本の夫婦に特有のものと思われる。女性において非常に高く，すでに子育て期の段階から中高年期と同様の結婚生活に対する諦めをもっている。一方，男性ではステージ差が大きく，また，子育て期における妻と夫のギャップが非常に大きい。規範的コミットメントはステージ差が大きく，ジェンダー差，交互作用とも有意であった。規範的コミットメントは性役割観と相関が高く，世代による差もあり，世代が上がると強まり（伊藤・相良, 2015），特に男性に顕著であった。子の存在コミットメントはジェンダー差がみられたがあまり大きくなく，子育て期では女性のみならず男性も，子どものためには多少の我慢はすべきで，離婚は避けるべきだと考えている。日本では，特に男性で，伝統的な規範意識を強くもつ中高年世代と家族・家庭に関心をもつ子育て世代のギャップがみられた。

■引用文献

Adams, J. M., & Jones, W. (1997) The conceptualization of marital commitment: An integrative analysis. *Journal of Personality and Social Psychology*, 72, 1177-1196.

伊藤裕子・相良順子（2012）愛情尺度の作成と信頼性・妥当性の検討：中高年期夫婦を

対象に　心理学研究，83，211-216.
伊藤裕子・相良順子（2015）結婚コミットメント尺度の作成：中高年期夫婦を対象に　心理学研究，86，42-48.
伊藤裕子・相良順子（2017）児童期の子どもをもつ夫婦の結婚コミットメント：子の存在は離婚を思い止まらせるか　家族心理学研究，30，101-112.
Johnson, M. H., Caughlin, J. P., & Huston, T. L. (1999) The tripartite nature of marital commitment: Personal, moral, and structural reasons to stay married. *Journal of Marriage and the Family,* 61, 160-177.
相良順子・伊藤裕子（2010）中高年期の夫婦関係における低勢力認知　日本心理学会第74回大会論文集，1323.
宇都宮　博（2005）結婚生活の質が中高年者のアイデンティティに及ぼす影響：夫婦間のズレと相互性に着目して　家族心理学研究，19，47-58.

第Ⅱ部
中高年期におけるジェネラティヴィティ

第 6 章　中高年期におけるジェネラティヴィティの構造とジェンダー差

　ジェネラティヴィティ（generativity）とは，Erikson（1950）によって"次世代を確立させ導くことへの関心"と定義され，心理・社会的発達段階のうちの中年期の課題とされている。後にEriksonは，このジェネラティヴィティを，"子孫を生み出すこと（procreativity），生産性（productivity），創造性（creativity）からなり，自分の自己—生殖性（self-generation）も含めて，新しい制作物や新しい観念を生み出すこと"とし，より多義的な定義づけをしている（Erikson & Erikson, 1997/2001）。さらに，Kotre（1984）によれば，ジェネラティヴィティは，自己発展的な自己の存在様式である個体性と，社会の中で相互に求め合う関係性の2つの様相があるとされる。これに基づき，McAdams & de St. Aubin（1992）はジェネラティヴィティを"個体性と関係性への欲求を基本とした，創造性（creativity），世話（offering），世代継承性（maintaining）への関心および行動"と定義している。わが国では，ジェネラティヴィティは生殖性，世代性，世代継承性などと訳されており確定した訳がないので，本論文では，ジェネラティヴィティと表記する。

　McAdams & de St. Aubin（1992）は，ジェネラティヴィティを構成する概念モデルを提唱している。そのモデルにおいては，人は内的希求（inner desire）と文化的要請（cultural demand）に動機づけられ，ジェネラティヴィティへの関心を高め，行動へと向かうとされる。内的希求は個体性（agency）と関係性（communion）への欲求の表出であるとする。特に個体性という自己を向上させようとする自己発展的な欲求は，達成への志向性ともいうことができる。実際，Peterson & Stewart（1993）はMcAdams & de St. Aubin（1992）の理論に基づき，成人前期が対象者ではあるものの，達成動機の強さとジェネラティヴィティとの関係を検討し，ジェネラティヴィティのいくつかの側面で関係を見出している。つまり，ジェネラティヴィティは，自己を発展させたいという動機と強く関連していると考えられる。

また，ジェネラティヴィティのもう1つの動機である文化的要請は，人が社会的な役割を通じて期待されるものであり（McAdams & de St. Aubin, 1992），具体的には仕事や家事，育児を指す。Keyes & Ryff（1998）は，年齢，性別，教育歴といった社会構造に関する要因がジェネラティヴィティに与える影響を報告している。本稿では，文化的要請とされる要因のうち，主にジェンダー差に注目し，第1節で中年期を対象にジェネラティヴィティの尺度を再検討し，そのジェンダー差をみる。第2節では，年代を広げ，中高年を対象に年代差およびジェンダー差を検討し，第3節では，中年期の女性を対象に就労形態による差を検討して，達成動機との関連を踏まえつつ社会的な役割の影響を検討する。

1節　中年期におけるジェネラティヴィティの構造とジェンダー差

ジェネラティヴィティを測る尺度としては，McAdams & de St. Aubin（1992）がその概念モデルに基づき，Loyola Generativity Scale（LGS）とGenerative Behavior Checklist（GBC）を作成している。わが国では，丸島（2005），丸島・有光（2007）により，LGSとGBCを翻訳した日本語版世代性意識尺度と世代性行動尺度が作成され，創造性，世話，世代継承性の3因子が抽出されている。その後，田渕・中川・権藤・小森（2012）は，丸島・有光（2007）の新尺度は創造性を強調しすぎるとして，大幅に翻訳をし直し，McAdams & de St. Aubin（1992）のLGSと同様に"次世代の世話と責任""コミュニティや隣人への貢献""次世代のための知識や技能の伝達""長く記憶に残る貢献・遺産""創造性"の5因子構造を確認している。しかし，田渕ら（2012）の因子分析の結果は，5因子間の相関がかなり高く，1因子構造とみることができ，田渕ら（2012）も5因子の負荷量の高い項目を選んで5項目の短縮版を作成している。また，McAdams & de St. Aubin（1992）自身の結果でも1因子構造が報告されている。本稿では，本来のジェネラティヴィティを構成する概念モデルに忠実であるという点で，田渕ら（2012）の尺度をジェネラティヴィティの尺度として用い，改めてジェネラティヴィティの尺度の構造を検討する。

ジェネラティヴィティ（generativity）に関するわが国の研究では，成人か

ら高齢者という広い年齢層を対象にさまざまな尺度を用いて検討されている（e.g., 丸島・有光，2007）。しかし，本稿では，本来，Eriksonがジェネラティヴィティをその課題とした中年期に注目する。中年期は人生において最も生産的であり，社会的な責任が重い時期であるという点において高齢期とは異なる。また，社会的に次世代の育成に関心が高まるという点では子育て期とも異なり，中年期のジェネラティヴィティには，日々従事している社会的役割が重要になると考えられる。

社会的な役割という点では，わが国では，先進国の中でも特に性別役割分業が強い社会であり，男性がおもに生活費を稼ぎ，家事は女性が担っている（牧野，2014）。40代，50代では，男性は職場で生産と後輩の育成の責任を負う一方，女性は家庭や仕事，社会的活動など多様な生活に従事するようになる。このように中年期はわが国ではジェンダーにより社会的な役割が大きく異なり，それはジェネラティヴィティにも影響することが考えられる。実際，串崎（2005）は，男性はジェネラティヴィティに積極的な関心が高いが自己本位的な傾向がある一方で，女性は他者への受容的態度が高いというようにジェネラティヴィティにおける男女差を報告している。串崎（2005）の研究は尺度を開発することがおもな目的であり，分析の結果，男女差を見出した。このような男女差を本研究ではジェンダー差とし，そこに焦点を当て，他のジェネラティヴィティ尺度によってもジェンダー差があるのか検討する。

以上より，ここでは，中年期におけるジェネラティヴィティの構造を検討し，その点におけるジェンダー差を明らかにすることを目的とする。

方　　法

調査対象と方法および分析対象者については，序章2節2013年調査データのうち，40代・50代の男性287名，女性362名，計649名を本研究の分析対象者とした。

分析対象者の属性については，平均年齢は男性50.9歳（SD4.5），女性48.5歳（SD4.2），有職率は，男性が98.3％，女性が80.4％であった。有職者のおもな就業形態は男性で常雇が90.6％，女性はパート・アルバイト（派遣・契約を含む）の53.6％，次いで常雇23.2％であった。

分析の測度としては，田渕ら（2012）のGenerativity尺度を用いた。

結　果

1．尺度の検討

ジェネラティヴィティの構造を検討するため，探索的に因子分析（主因子法・プロマックス回転）をしたところ，最終的に2因子が最も適当と考えられた（表6-1参照）。さらに，共分散構造分析を用いた確認的因子分析を行い，5因子と2因子，1因子構造を比較，検討した。5因子モデルの適合度指標は，GFI=.869，AGFI=.828，RMSEA=.086，AIC=1013.4であり，2因子モデルではGFI=.868，AGFI=.837，RMSEA=.083，AIC=979.6，1因子は，GFI=.845，

表6-1　ジェネラティヴィティの因子分析（主因子法・プロマックス回転）結果

項目	I	II	平均値(SD)
I．世代性意識（α=.915)			
11．たくさんの人に影響を与えていると感じる	.85	−.22	2.63 (0.92)
4．人に教えてあげたいような経験やコツがある	.78	−.03	3.39 (0.97)
5．私が人のためにしてきたことは，後世にも残ると思う	.78	−.12	2.63 (0.98)
8．世の中のために，自分にしかできないことをしてきた	.72	.01	2.60 (0.94)
18．私は，後世に残るようなことは何もしていないと思う*	.71	−.10	2.80 (1.00)
16．自分の経験や知識を人に伝えるようにしている	.69	.06	3.29 (1.01)
12．人に教えたいという欲求がある	.68	−.02	2.86 (1.02)
6．前向きで計画的な人だといわれている	.67	−.06	3.03 (0.91)
9．人に助言を求められる	.66	.09	3.23 (0.96)
2．何かに向かって前進していると感じる	.65	.08	3.34 (0.97)
15．他人が真似をしたくなるようなものをつくったことがある	.63	−.07	2.74 (1.11)
1．私はこれまで，いろいろな人や活動を支えてきた	.61	.16	3.03 (0.99)
19．人のためになるようなことは何もしていないと思う*	.55	.27	3.31 (0.96)
3．私が死んでも，人は私のことを覚えていてくれるだろう	.55	.01	3.30 (0.91)
20．私は，人に必要とされているとは感じない*	.49	.19	3.50 (0.91)
13．自分は，人に対する影響力はない*	.47	−.04	3.13 (0.84)
II．社会貢献の意志（α=.644)			
17．無理のない範囲で，募金をしたい	−.09	.74	3.39 (0.93)
10．無償のボランティアはしない*	−.12	.74	3.72 (0.94)
14．私にも，地球をよくする責任がある	−.07	.70	3.71 (0.90)
7．困っている人に手を差し伸べるのは，自分のつとめだと思う	.35	.52	3.38 (0.87)
因子間相関		.58	

＊逆転項目

表6-2 ジェネラティヴィティの下位尺度の平均値（SD）と分散分析結果

	男性（n=279）注	女性（n=348）	F値	η^2
世代性意識	3.16（0.62）	3.02（0.65）	9.43**	0.02
社会貢献の意志	3.43（0.66）	3.66（0.60）	20.09***	0.03

注）欠損値のため，分析した人数は方法での人数と異なる。　　　　**p<.01, ***p<.001

AGFI=.809，RMSEA=.090，AIC=1124.6であった。3つのモデルのうち，2因子モデルの適合度が最も高いことから2因子モデルを採用した。それぞれの因子をその項目内容により，社会における自己の存在意義を表す「世代性意識」，募金やボランティアを通じて社会へ貢献したいという意志を表している「社会貢献の意志」と命名した。

2．ジェネラティヴィティの記述統計とジェンダー差

ジェネラティヴィティの下位尺度を構成する項目の単純加算値を項目数で割った値を尺度得点とし，その平均値と標準偏差を表6-2に示した。性別による1要因分散分析1)を行った結果（表6-2参照），「世代性意識」では男性が，「社会貢献の意志」では女性の方が有意に高かった。

考　察

本研究では，田渕ら（2012）のGenerativity尺度を用いて因子分析を行った結果，「世代性意識」と「社会貢献の意志」の2因子構造を確認した。「世代性意識」が比較的身近な社会との関係性に関する内容である一方，「社会貢献の意志」は，より広い社会への関心に関するものといえる。また，「世代性意識」は男性で高く，「社会貢献の意志」は女性が高いことが示され，日本の中年期の男性は女性よりも職業を通じた社会との関係における自己に，一方女性は，より広い社会へ向けた活動への関心が高いことが示唆された。女性の場合，日常の仕事の場で次世代を導く場をもつ者が少なく，逆にそのため，より広い社会へ関心が広がることが推察される。McAdams & de St. Aubin（1992）の研究では，ジェネラティヴィティは男性より女性が高い傾向があると報告されている。一方，串崎（2005）では中年期においてジェネラティヴィティの様相に

ジェンダー差が示されており，本研究は，串崎（2005）と似た結果といえる。日本でのジェネラティヴィティにおけるジェンダー差が改めて明らかにされた点は重要な知見といえる。

2節　ジェネラティヴィティの年代差とジェンダー差

　第1節では，中年期の男女を対象に，田渕ら（2012）のGenerativity尺度が2因子構造であることを見出した。本研究では，対象者を広げ，30代から70代までの成人を対象に，年代およびジェンダーによる差異を検討した。

方　　法

　調査方法と時期については，子育て期は2015年の調査，中年期は2013年の調査，高齢期は2013年と2014年の調査で実施したデータである。調査方法は，序章2節で述べた通りである。調査対象者については，30代から70代の成人とした。30代（275名），40代（792名），50代（382名），60代（371名），70代（396名）の計2,216名で，男性932名，女性1,284名であった。平均年齢は男性55.0歳（$SD=12.9$），女性52.9歳（$SD=13.1$）であった。分析の測度としては，田渕ら（2012）のGenerativity尺度を用いた。

結　　果

　因子分析（主因子法・プロマックス回転）を行った結果，3因子が抽出された。第2因子は全て逆転項目であったため第1因子と合わせて1つの因子としてまとめた結果，因子の構造は本章1節と同様に，「世代性意識」，「社会貢献の意志」の2因子構造となった。各因子に含まれる項目の単純合計を項目数で除した値を2つの下位尺度得点とし各下位尺度得点に対し，年代（5年代）×性別（男，女）の2要因分散分析を行った。

　「世代性意識」（図6-1参照）については，性別（$F(1,2148)=20.3$, $p<.001$），年代（$F(4,2184)=3.7$, $p<.01$）の両方の効果が有意であり交互作用はみられなかった。男性のほうが女性より有意に高かった。年代については，多重比較（TukeyのHSD法）の結果，70代が30代，40代よりも有意に高く，

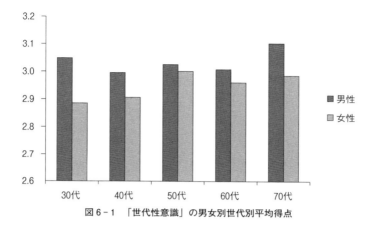

図6-1 「世代性意識」の男女別世代別平均得点

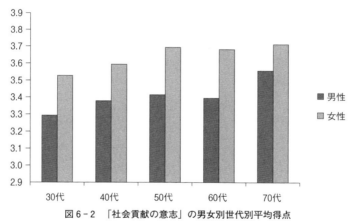

図6-2 「社会貢献の意志」の男女別世代別平均得点

40代と50代の間にも有意な差異がみられ，40代の世代性意識が相対的に低かった。

「社会貢献の意志」（図6-2参照）については，性別（$F(1,2200)=69.3$, $p<.001$），年代（$F(4,2200)=6.5$, $p<.001$）の両方の効果が有意であり交互作用はみられなかった。女性のほうが男性より有意に高かった。年代については，多重比較（TukeyのHSD法）の結果，70代が30代，40代よりも有意に高かった。

考　察

　ジェネラティヴィティの世代差とジェンダー差を検討した結果，Generativity尺度を構成する「世代性意識」と「社会貢献の意志」のどちらにおいても有意な差異がみられ，「世代性意識」では男性が，「社会貢献の意志」においては女性が高いという明確なジェンダー差が見出された。「世代性意識」とは，次世代に残るような影響力を自身で感じていることであるが，30代，40代でも男性の方が高かったことから，子育てをするよりも仕事を通じて獲得しやすい認識であることが示唆される。一方，広い社会を意識した互助的な活動に対する関心である「社会貢献の意志」については，女性の意識が高いといえるだろう。また，世代差については，「世代性意識」と「社会貢献の意志」の両方において70代が有意に高かった。ジェネラティヴィティは本来成人期の課題であるが，本研究からはむしろ50代以上の中高年以降の課題になっていると思われる。本研究における高齢期の対象者の特徴とも考えられるが，今後の課題として検討する必要があるだろう。

3節　中年期女性のジェネラティヴィティと達成動機：就業形態による差異

　ジェネラティヴィティ（generativity）とは，Erikson（1950）によって「次世代を確立させ導くことへの関心」と定義され，心理・社会的発達段階のうちの中年期の課題とされている。近年，中年期は30代から50代くらいまでのおよそ30年間という長い期間となり，親として社会人として多様な社会的役割をもつ時期である。生涯発達の視点では，中年期は，次世代を育成しつつ，社会的な役割を果たしながらいかに自己を成長させるか，他者との関係性をつくっていくかが重要となる時期といえる。

　McAdams & de St. Aubin（1992）は，ジェネラティヴィティを構成する概念モデルを提唱し，そのモデルにおいては，人は自己を向上させようとする自己発展的な内的希求（inner desire）と社会的役割を通じて期待される文化的要請（cultural demand）に動機づけられ，ジェネラティヴィティへの関心を

高め，行動へと向かうとされる。

　文化的要請という観点から中年期の人々について考えてみると，男女で大きく異なる。わが国では今日なお男性は家族を養う者として仕事をもつことを強く期待されている一方で，女性は，仕事だけでなく，子育てや家事の責任をもつことも期待されている。相良・伊藤（2017）は，40代，50代のジェネラティヴィティが「世代性意識」と「社会貢献の意志」の2因子構造であることを示し，男性は「世代性意識」が女性より強く，「社会貢献の意志」は女性の方が強いというジェンダー差があることを報告している。「世代性意識」は，「たくさんの人に影響を与えていると感じる」「人に教えてあげたいような経験やコツがある」というように社会における自己の存在意義を，「社会貢献の意志」とは，募金やボランティアをするという社会へ貢献したいという意志を表している。

　しかし，相良・伊藤（2017）の結果が示すジェネラティヴィティのジェンダー差がジェンダーの何を指しているのかは明らかではない。例えば，わが国の男性と女性は，その就業形態が大きく異なる。男性の多くがフルタイムで働いている一方で女性の就業形態はさまざまである。特に，子育てを終えた中年期の女性の就業形態は多様である。専業主婦として成人期以降を過ごしたり，子どもから手が離れるころに家庭の外の仕事についたり，さらに子育てと両立しながら仕事を継続する者もいる。その多様な就業形態に対し社会的な役割期待が異なるため，女性のなかでもジェネラティヴィティにおける差が生じることが予想される。例えば，フルタイムで働く女性には，仕事上での役割が期待され，専業主婦の女性には，子育てを終了した年代として，地域社会的な活動などが期待されるだろう。それによって，ジェネラティヴィティも異なることが予想される。このように，女性が多様な就業形態をもつ現代の社会において，ジェネラティヴィティにおけるジェンダー差の意味を検討することは意義のあることと考える。そこで本研究では，多様な社会的役割をもつ中年期の女性に絞り，ジェネラティヴィティの個人差に，就業形態の違いがどう寄与するのかを検討したい。

　ところで，ジェネラティヴィティへのもう1つの動機づけである内的希求については，McAdams & de St. Aubin（1992）によれば，個体性への欲求と関

係性への欲求から成るとされている。本研究では，中年期の既婚女性で子育てを終えた人を対象としているため，関係性への欲求はある程度充足されていると考え，個体性への欲求に注目する。その場合，ジェネラティヴィティは，個体性という自己発展的な欲求の強さが影響するのか，それとも就業形態のような社会的役割を通して期待されることの影響か，あるいは両者の交互作用なのかこの点を明確にする必要があると考える。例えば，わが国の中年期の専業主婦とフルタイムの女性を比較してみると，フルタイムの女性は，そもそも個体性への欲求がより強いために，フルタイムの仕事を選んだことが考えられる。つまり，個人がもっているもともとの個体性への欲求の強さによって職業選択がなされている可能性が考えられ，社会的役割そのもの，あるいはその役割を通じて期待される効果があるのか否か，この点を明確にする必要があると考える。

　本研究では，個体性への欲求として，堀野・森（1991）の自己充実的達成動機を指標とする。自己充実的動機とは，社会的に価値が不明とされていても，個々人においては重要な価値をもつものに対し，達成しようとする人間の根源的な欲求であり（堀野，1994），中年期のジェネラティヴィティという自己発展的な性質を含む概念とほぼ同じ概念とみなすことができる。

　以上の点から本研究は，相良・伊藤（2017）の40代・50代の中年期のデータのうち，女性のみを対象にしてその就業形態によるジェネラティヴィティの違いを達成動機との関係と合わせて検討することを目的とする。

方　　法

　調査対象と方法については，2013年調査の中から，40代，50代の中年期の女性のみ362名を本研究の対象者とした。調査方法は，序章2節で述べた通りである。対象者の属性としては，平均年齢は48.5歳（SD4.2），就業形態は，最も多いのはパート・アルバイト（以下，パート）の53.6％，次いでフルタイム23.2％，無職・専業主婦（以下，無職）19.6％であった。有職者の職種は，専門・技術職29.8％，販売・サービス職28.5％，事務・営業職22.0％，技能・労務職17.7％，管理職が1％であった。なお，本研究での分析対象者は，就業形態がフルタイム，パート・アルバイト，無職と分類できる計335名とした。

分析の測度は，ジェネラティヴィティと達成動機を用いた。ジェネラティヴィティについては，本章1節で，相良・伊藤（2017）が田渕ら（2012）の尺度を因子分析した結果，「世代性意識」「社会貢献の意志」の2因子が抽出されている。「世代性意識」は，「たくさんの人に影響を与えていると感じる」「人に教えてあげたいような経験やコツがある」というように社会における自己の存在意義を，「社会貢献の意志」とは，募金やボランティアをするという社会へ貢献したいという意志を表している。

達成動機については，堀野・森（1991）による達成動機尺度を構成する2因子の1つである「自己充実的達成動機」13項目のうち負荷量の低い1項目を除いた12項目（5件法）を用いた。堀野・森（1991）は大学生を対象として検討している。

結　果

本研究での分析は，基本的にSPSS22を用いた。

1．ジェネラティヴィティ尺度

欠損値のない315名を対象に相良・伊藤（2017）の因子構造に基づき確認的因子分析を行ったところ，GFI＝.846，CFI＝.849，RMSEA＝.086であり，許容できる水準にあると考えられた。

2．達成動機尺度の検討

堀野・森（1991）は大学生を対象としているので，本研究では改めて「自己充実的達成動機」12項目について，主成分分析を行った。その結果，「人に勝つことより，自分なりに一生懸命やることが大事だと思う」の負荷量が0.4であったが，それ以外は0.6以上であり，全分散50.3％で1成分にまとまることが示された。したがって，この項目を削除した11項目の合計を達成動機得点とした。α係数は.900と十分高かった。

表6-3 ジェネラティヴィティの下位尺度と達成動機の就業形態別平均とSD

	フルタイム（n=77）	パート（n=195）	無職（n=65）	F値
世代性意識	3.21 (0.63)	2.97 (0.60)	2.80 (0.74)	7.56**
社会貢献の意志	3.65 (0.59)	3.63 (0.58)	3.70 (0.65)	0.49
達成動機	3.83 (0.49)	3.79 (0.59)	3.64 (0.72)	2.00

**$p<.01$

3．ジェネラティヴィティの就業形態別平均値とSD

　ジェネラティヴィティの2因子「世代性意識」と「社会貢献の意志」に属する項目の合計をそれぞれの下位尺度得点とし，達成動機と合わせて就業形態別平均値と標準偏差を表6-3に示した。次に，就業形態での差異を検討するため，ジェネラティヴィティの下位尺度に対し，分散分析を行った結果，ジェネラティヴィティの「世代性意識」において，就業形態で差異が有意にみられ（$F(2, 312)=6.12, p<.01$），Tukey法による下位検定の結果，フルタイムの得点が，パートと無職よりも有意に高かった。「社会貢献の意志」では就業形態による差はみられなかった。

4．ジェネラティヴィティと達成動機との関連

　ジェネラティヴィティと達成動機との相関係数を算出したところ，「世代性意識」と自己充実的達成動機は$r=0.556$（$p<.001$），「社会貢献の意志」とでは，$r=0.573$（$p<.001$）と高い相関が得られた。

5．ジェネラティヴィティの階層的重回帰分析

　次に，ジェネラティヴィティの下位尺度を目的変数とする階層的重回帰分析を行った。まず，step1で年齢，学歴，家計収入の3つのデモグラフィック要因を投入，step2で達成動機と3種類の就業形態のうちフルタイムを1，パートタイムを0とするダミー変数[2]を投入し，step3ではダミー変数と達成動機との交互作用項を投入した結果を表6-4に示す。「世代性意識」においては，step2で達成動機とフルタイムが，step3で年齢および達成動機とフルタイムに加えて，フルタイムと達成動機との交互作用の弱いが有意な係数が得られた。このことから，ジェネラティヴィティは，無職やパートタイムよりフルタイムという就業形態において，達成動機が高い者ほど「世代性意識」が高くなると

表6-4　ジェネラティヴィティの階層的重回帰分析

	世代性意識			社会貢献の意志		
	step1	step2	step3	step1	step2	step3
年齢	.083	.089 †	.095 *	.032	.003	.004
学歴	−.011	−.029	−.034	−.047	−.051	−.053
家計収入	.086	.019	.024	.068	.025	.026
達成動機		.565 ***	.459 ***		.588 ***	.551 ***
フルタイム		.193 ***	.191 **		−.135 *	−.135 *
パート		.094	.105 †		−.133 *	−.130 *
フル×達成動機			.138 *			.030
パート×達成動機			.067			.004
R^2	.016	.367 ***	.379 ***	.007	.350 ***	.351 ***
$\varDelta R^2$		.351 ***	.012 *		.343 ***	.001

注）数値は標準偏回帰係数　　　　　　　　　　　†$p<.10$, *$p<.05$, **$p<.01$, ***$p<.001$

いうことが示された。一方,「社会貢献の意志」については，step 3 で達成動機には正の，フルタイムとパートに負の有意な係数が得られ，交互作用はみられなかった。

以上の結果から，ジェネラティヴィティの「世代性意識」および「社会貢献の意志」の両方について，達成動機を統制しても就業形態により規定される部分があることが明らかになった。

考　察

本研究では，40代・50代の中年期女性を対象に，その就業形態によりジェネラティヴィティが異なるのかを検討した。

McAdams & de St. Aubin（1992）のジェネラティヴィティへの関心のモデルに基づき，ジェネラティヴィティは，文化的要請と内的欲求との相互作用であるという観点から，内的欲求として，達成動機を取り上げた。分析としては，従属変数をジェネラティヴィティの「世代性意識」と「社会貢献の意志」とし，独立変数を就業形態として検討した。

その結果，ジェネラティヴィティの「世代性意識」は，パートや無職よりフルタイムが高いことが示された一方,「社会貢献の意志」は就業形態による明確な差異はみられなかった。この結果から，まず，相良・伊藤（2017）の研究

で報告されている「世代性意識」が男性の方が女性より高く,「社会貢献の意志」は女性が高いというジェンダー差は,少なくとも「世代性意識」ではフルタイムで働く者の男女比率の違いである可能性が考えられる。つまり,フルタイムで働く者はジェンダーにかかわらず「世代性意識」が高いと考えられる。一般的にフルタイムの場合は,職場で自己の存在意義を認識する機会が多いのかもしれない。第2点は,本研究での「世代性意識」は,フルタイムで働く者の達成動機の高さに反応しやすい測度であるという点である。これは,尺度の特徴ともいえる。

また,階層的重回帰分析では,「世代性意識」においてはフルタイムと達成動機との交互作用がみられた。これは,フルタイムにおいては,達成動機の強さがより「世代性意識」の高さに反映されるということを意味している。一方,「社会貢献の意志」については,就業形態と達成動機の交互作用はみられず,達成動機の影響が就業形態により異なることは見出されなかった。

以上から,McAdams & de St. Aubin (1992) のモデルの用語を使えば,達成動機としての内的希求は,個人の社会的役割を反映した方向へ向くともいえるだろう。つまり,フルタイムで働く中年期の女性の内的希求は仕事を通じて世代性への関心を高めているといえる。しかしながら,就業形態自体は,ジェネラティヴィティを規定する要因としては小さく,自己充実的達成動機ほど強いものではなかった。したがって,ジェネラティヴィティにおける個人差は,社会的役割の影響よりも,自己成長への欲求,すなわち自己の目標を達成しようとする達成動機という欲求によって規定される部分が大きいことが示唆された。

今後の課題として,ジェネラティヴィティの尺度は,数多くあり,その質問の仕方もさまざまであることから,他の尺度により就業形態の違いを検討することで本稿の結果が一般的にいえるのかどうかさらに吟味する必要があるだろう。また,女性の家庭外の役割として就業形態に加え,仕事以外の社会的活動によるジェネラティヴィティの関連も検討する必要があると考える。さらに,本研究は,既婚女性で子どもをもつ女性が対象であったため,「個体性への欲求」を取り上げたが,もう一つの欲求である「関係性の欲求」についても,幅広い立場の女性を対象として検討することが必要となろう。

■注

1) 効果量（η^2）の算出のため1要因分散分析を行った。
2) 例えば，フルタイムのダミー変数は，フルタイムの場合に1，そうでない場合（パートタイムまたは無職）は0とする。

■引用文献

Erikson, E. H. (1950) *Childhood and society.* NY: W. W. Norton & Company.（エリクソン，E. H. 仁科弥生（訳）(1977) 幼児期と社会 I　みすず書房）

Erikson, E. H., & Erikson, J. M. (1997) *The life cycle completed.* Expanded ed. New York : W. W. Norton & Company.（エリクソン，E. H.・エリクソン，J. M. 村瀬孝雄・近藤邦夫（訳）(2001). ライフサイクルその完結　増補版　みすず書房）

堀野　緑 (1994) 達成動機の心理学的考察　風間書房　pp. 1-19.

堀野　緑・森　和代 (1991) 抑うつとソーシャルサポートとの関連に介在する達成動機の要因　教育心理学研究，39，308-315.

Keyes, C. L. M., & Ryff, C. D. (1998) Generativity in adult lives: Social structural contours and quality of life consequences. In D. P. McAdams & E. de St. Aubin (Eds.), *Generativity and adult development: How and why we care for the next generation* (pp. 227-263). Washington, DC: American Psychological Association.

Kotre, J. (1984) *Outliving the Self: Generativity and the interpretation of lives.* Baltimore, MD: Johns Hopkins University Press.

串崎幸代 (2005)　E. H. Eriksonのジェネラティヴィティに関する基礎研究：多面的なジェネラティヴィティ尺度の開発を通して　心理臨床学研究，23，197-208.

牧野カツコ (2014) 性別役割分業意識化，変えられるか？：国際比較に見る日本・韓国　青山学院大学国際交流センター紀要，6，25-37.

丸島令子 (2005) 世代性尺度の作成：世代性の関心と行動モデルの測定　心理臨床学研究，23，422-433.

丸島令子・有光興記 (2007) 世代性関心と世代性行動尺度の改訂版作成と信頼性，妥当性の検討　心理学研究，78，303-309.

McAdams, D. P., & de St. Aubin, E. (1992) A theory of generativity and its assessment through self-report, behavioral acts and narrative themes in autobiography. *Journal of Personality and Social Psychology,* 62, 1003-1005.

Peterson, B. E., & Stewart, A. J. (1993) Generativity and social motives in young adults. *Journal of Personality and Social Psychology,* 65, 186-198.

相良順子・伊藤裕子 (2017) 中年期におけるジェネラティヴィティの構造とジェンダー差　パーソナリティ研究，26，92-94.

田渕　恵・中川　威・権藤恭之・小森昌彦 (2012) 高齢者における短縮版Generativity尺度の作成と信頼性・妥当性の検討　厚生の指標，59，1-7.

第7章 中年期の結婚コミットメントがジェネラティヴィティと主観的幸福感に及ぼす影響

　わが国における心理学研究のなかで夫婦関係が論じられ始めたのはこの四半世紀で，夫婦研究は歴史が浅い（柏木・平山，2003）。近年では平均寿命の延びが著しく，長寿命化によって夫婦二人で過ごす期間が長期化し，三世代同居世帯が減少して，未婚の子と同居あるいは夫婦二人の世帯が増加している（厚生労働省，2016）。親子関係が家族の中心であったものから，夫婦関係がより重要なものになってきた。

　結婚生活が継続する場合にその質をとらえる指標としてコミットメントがあり，結婚生活の継続を説明する主要な概念として位置づけられている。コミットメントには2つのレベル（水準）があり，1つはシステムの安定で，結婚の機能性が確保されているか否かに関するものである。他の1つは親密性に基づくもので，システムの安定にとって親密性を不可欠と考えるか否かである（宇都宮，1999）。

　また，結婚生活におけるコミットメントは関係の維持・継続の点から，いくつかの次元から構成されると考えられる（古村・松井，2013）。既婚者を対象にした研究では，Johnson, Caughlin, & Huston（1999）によると，関係に留まりたいと思う「個人的コミットメント」，関係を続けることを道徳的に義務と考える「道徳的コミットメント」，関係に留まることの拘束感ともいえる「構造的コミットメント」から成るとされる。わが国で最初に結婚生活をコミットメントの面から取り上げた宇都宮（2005）では，配偶者への愛情や信頼から成る「人格的コミットメント」，結婚の機能と離婚に関する「機能的コミットメント」，結婚に対する諦めを含む「非自発的コミットメント」の3因子が抽出されている。その後，伊藤・相良（2015）も中高年期夫婦を対象にほぼ同様の因子を抽出した。

　結婚生活あるいは夫婦関係の良否が個人の精神的健康を左右することはこれまで多く指摘されてきた（e.g., 伊藤・相良・池田，2004；Proulx, Helms, &

Buehler, 2007)。しかし, そこにはジェンダー差がみられる。伊藤ら（2004）によれば, 妻にとって精神的健康の最も大きな源泉は夫婦関係満足度だが, 夫にとってのそれは職場満足度だという。また, 高齢期では, 結婚満足度は高いが人格的交わりを欠いた表面的関係性型は圧倒的に男性に多く（宇都宮, 2004）, 男性では中年期までみられていた夫婦関係満足度から精神的健康へのパスが, 高齢期ではみられなくなることが報告されている（伊藤・相良, 2012a）。このように男性はどのような結婚生活を営んでいるかという結婚の質より, 結婚生活そのものからより多くのものを得ており（稲葉, 2002；伊藤, 2008）, それに対して女性は結婚の質に左右されやすい。

エリクソン（1968/1969）は, 個人の自我は他者との相互的な関わりのなかから現れることを強調したが, これまで青年期のアイデンティティや成人期のジェネラティヴィティはもっぱら個人特性として扱われてきた。しかし, 個人の自律・自立や分離, 達成を発達課題としてくると, 女性が劣位に置かれてしまうことになる。関係性の視点からのとらえ直しが必要になってくる（Josselson, 1973）。親子関係や夫婦関係など生涯にわたって続く相互性を通じて自我は発達していくと考えられるからである。

ここで成人期の課題であるジェネラティヴィティに注目すると,「次世代を確立させ導くことへの関心」と定義され, 生殖性, 世代性などと訳されてきた。ジェネラティヴィティは成人期, つまりライフサイクルでいうと子育て期から中年期の課題であるが, 近年では長寿命化も手伝って, エリクソンが本来挙げた成人期より, むしろ高齢期を含む中高年期で多く取り上げられている（e.g., McAdams & de St. Aubin, 1998；小澤, 2012；田渕・中川・権藤・小森, 2012）。そしてアイデンティティ同様, ジェネラティヴィティも自尊感情や精神的健康と高く関連する（下仲・中里・高山・河合, 2000；田渕ら, 2012）。しかし, そこにはジェンダー差が考えられる。一般に, ジェネラティヴィティは男性より女性で高い傾向にあるというが（McAdams & de St. Aubin, 1992）, 串崎（2005）のいうように, 男性はジェネラティヴィティに積極的な関心が高いが自己本位的傾向があり, 女性は他者への受容的態度が高いというように, ジェネラティヴィティのあり方が男女で異なることが考えられる。わが国では成人期以降, 性別役割分業が明確で, そのため職業や子どもの有無に

よってジェネラティヴィティが影響されないような工夫が尺度に施されているものなどがある（福島・沼山，2015）。

　先述したように，結婚生活からより多くのものを得ているのは男性であり（稲葉，2002；伊藤，2008），結婚生活のあり方がジェネラティヴィティにも影響することが考えられる。実際，中高年期夫婦を対象に夫婦関係とアイデンティティの関連をみた宇都宮（2005）では，アイデンティティにポジティブに関連するのは，夫の場合，人格的コミットメントのみだが，妻では人格的コミットメントはもちろん，非自発的コミットメントもポジティブに関連していた。すなわち，配偶者との関係が否定的な意味をもつと認知するからこそ自分のアイデンティティを大切にしようとするのである。このように結婚生活の文脈は男性と女性で異なった意味を生じさせると考えられるが，アイデンティティやジェネラティヴィティなどの課題と，結婚生活や夫婦関係という関係性の課題は独立に研究されてきた。結婚生活のあり方が成人期のジェネラティヴィティにどのような影響を及ぼすのかは検討されていない。

　そこで本研究では，中年期夫婦を対象に，結婚生活のあり方がジェネラティヴィティにどのように影響するか，また，ジェネラティヴィティを媒介した場合と直接の場合とで，結婚生活のあり方が精神的健康に及ぼす影響が異なるかを男女で比較することを目的とする。

方　　法

　調査対象と方法は，序章2節2013年・2014年調査に記した通りである。有効回答は，男性692名，女性886名，計1,578名で，このうち本研究の分析対象者は40〜64歳の中年期夫婦で[1]，男性362名，女性480名，計842名であった。

　分析対象者のおもな属性は以下の通りである。平均年齢は男性52.5歳（$SD=5.7$），女性51.0歳（$SD=6.4$），平均結婚年数は男性23.7年（$SD=5.5$），女性24.5年（$SD=6.0$）であった。配偶関係は，有配偶で同居が90.2％，別居3.0％，無配偶で死別2.0％，離別3.8％，独身1.0％であった。学歴は，男性で最も多いのは大卒50.4％，次いで高卒32.7％，女性で最も多いのは短大卒43.5％，次いで高卒38.8％であった。就業形態は，男性は常用雇用62.6％，経営者・役員17.2％，自営・自由業8.0％，無職6.4％であった。女性で最も多いのはパート・アルバ

イト41.3%, 次いで無職23.2%, 常用雇用18.0%であった。家計収入は, 600～1,000万円未満が44.8%と最も多く, 600万円未満が33.0%, 1,000万円超が22.2%であった。なお, 結婚コミットメントについては配偶者のいる757名（男性343名, 女性414名）が回答した。このうちペアデータは312組であった。

分析に用いる測度は, 結婚コミットメント, ジェネラティヴィティ, 主観的幸福感の3種である。

結　果

1．各測度の基礎統計量と男女による差異の検討

結婚コミットメント, ジェネラティヴィティ, 主観的幸福感の下位尺度について, 男女別に尺度得点を算出した。得点は, 各尺度に含まれる項目の単純加算値を項目数で除した値を用いた。

結果は, 表7-1に示す通りである。主観的幸福感を除くいずれの測度にも性差がみられ, 人格的コミットメント, 規範的コミットメント, 世代性意識では男性が女性より高く, 諦め・機能的コミットメント, 社会貢献の意志では女性が男性より高かった。

2．モデルの検討

子育てをほぼ終えた中年期の男女が, 自分たちの結婚生活をどのように意味づけ, その結婚生活がジェネラティヴィティを介して個人の主観的幸福感にどう影響するかを検討した。結婚コミットメントが直接主観的幸福感に影響する

表7-1　各測度の平均値とSD, およびt検定結果

	男性	女性	t値
	Mean (SD)	Mean (SD)	
人格的コミットメント	3.93 (0.74)	3.71 (0.92)	3.64***
諦め・機能的コミットメント	2.62 (0.78)	2.99 (0.84)	6.33***
規範的コミットメント	3.01 (0.80)	2.74 (0.76)	4.78***
世代性意識	3.14 (0.63)	3.00 (0.65)	3.09**
社会貢献の意志	3.43 (0.66)	3.66 (0.59)	5.43***
主観的幸福感	2.93 (0.37)	2.87 (0.39)	1.95

**$p<.01$,　***$p<.001$

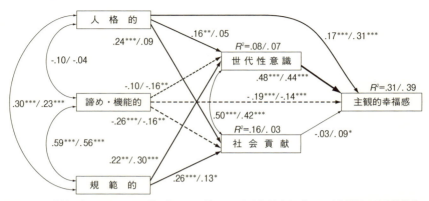

図 7-1 結婚コミットメントがジェネラティヴィティと主観的幸福感に及ぼす影響の共分散構造分析の結果
注1）実線は正の，破線は負のパスを表す。なお，誤差項の表記は省いた。
注2）左辺は男性/右辺は女性の値。
注3）*$p<.05$, **$p<.01$, ***$p<.001$

場合と，ジェネラティヴィティを介する場合を想定し，結婚生活およびジェネラティヴィティへの関わりが主観的幸福感にどう影響するか，そこにおいて男女間の差異がみられるかを検討するため多母集団分析を行った。全ての変数は観測変数として扱った。モデルの適合度は，GFI = .99，AGFI = .94，RMSEA = .06 で良好な結果が得られた（図7-1参照）。なお，扱った変数の相関は章末（Appendix）に示した。

結婚コミットメントは，配偶者への愛情や信頼に基づく人格的コミットメント，および諦め・機能的コミットメントから直接主観的幸福感に影響を及ぼしていた。規範的コミットメントは全く影響を及ぼさなかった。

男女差についてみると，まず，結婚コミットメントが直接主観的幸福感に及ぼすパスでは，人格的コミットメントは主観的幸福感を高め，特に女性でその影響は大きかった（$t=1.70$, $p<.10$）。

次に，結婚コミットメントがジェネラティヴィティに及ぼす影響をみると，人格的コミットメントは世代性意識にも社会貢献の意志にも影響を及ぼすが，いずれも影響がみられたのは男性のみで，特に社会貢献の意志へのパスで有意差がみられた（$t=2.66$, $p<.001$）。規範的コミットメントは，特に女性で，他

の結婚コミットメントに比べ世代性意識への影響が高かった。

最後に，ジェネラティヴィティから主観的幸福感への影響をみると，男女とも世代性意識が主観的幸福感を強く規定していた。それに比べると社会貢献の意志は影響が弱いが，女性でのみ影響がみられた（$t=1.82, p<.10$）。

考　　察

中年期を対象者とする本研究では，人格的コミットメントは男性で高く，諦め・機能的コミットメントは女性で高かった。また，ジェネラティヴィティについて，一般に女性の方が高いとされるが（McAdams & de St. Aubin, 1992），各世代（30～70代）における性差をみた相馬・伊藤（2016）では，世代性意識では男性が高いが，社会貢献の意志では女性が高く，本研究でも同様の結果が得られた。世代性意識とは，次世代に残るような影響力を自身が感じていることで，仕事を通じて獲得しやすい。これに対して，社会貢献の意志は広い社会を意識した互助的な活動への関心で，男女の活動や関心のあり方が現れたものといえよう。

まず，結婚コミットメントが主観的幸福感にどのように影響しているかをみると，人格的コミットメントが主観的幸福感を高める方向で大きく影響し，しかも女性の方が影響の度合いは高い傾向がみられた。女性は配偶者との関係や結婚生活から多大な影響を受けやすいといわれるが（e.g., Proulx et al., 2007; 詫摩・八木下・菅原・小泉・菅原・北村, 1999），人格的コミットメントは愛情との関連が非常に高く（$r=.74\sim.80$）（伊藤・相良, 2015），しかも愛情は関係満足度をはじめとする夫婦関係の指標と高い関連がみられ，その関連はいずれも女性の方が男性より高かった（伊藤・相良, 2012b）。そのことが男性に比べ，女性の主観的幸福感を高めることにつながっていると思われる。一方，諦め・機能的コミットメントは主観的幸福感を低減する方向で働いていた。道徳的あるいは道義的観点から結婚生活の継続を考える規範的コミットメントは，主観的幸福感には全く影響を及ぼしていなかった。

では，結婚コミットメントという配偶者との関係性がジェネラティヴィティにどのように影響しているかをみると，人格的コミットメントは世代性意識にも社会貢献の意志にも影響していたが，それは男性においてのみであった。男

性は配偶者への信頼や自分を受容してくれているという安心感・安定感がジェネラティヴィティを高めるが，女性ではその感覚がジェネラティヴィティには全く作用していなかった。代わって女性で効いていたのは諦め・機能的コミットメントで，結婚生活を諦め，配偶者を機能的な存在として意味づけることがジェネラティヴィティを低めていた。これは女性における非自発的コミットメントがアイデンティティを高める（宇都宮，2005）のとは異なっていた。自己への関心と他者（次世代）への関心とは異なると考えられる。また，男性でも，諦め・機能的コミットメントは社会貢献の意志には負に作用していた。しかし，男女で作用が異なっていた結婚コミットメントも，規範的コミットメントでは世代性意識にも社会貢献の意志にも同じ方向で働いていた。規範的コミットメントとは，社会的規範を肯定する伝統的な態度で，結婚を個人的なものというより社会的なものと考え，道徳的理由，責任や信義という点から結婚生活の継続を考えるものである。このような規範的な態度が，特に中年期になると次世代の育成や社会貢献に意識が向くものと思われる。

最後に，ジェネラティヴィティから主観的幸福感への影響をみると，世代性意識が男女とも大きく主観的幸福感を高めていた。世代性意識は特に達成動機との関連が強く（相良・伊藤，2014），主観的幸福感の中にある前向きな気持ちと呼応すると考えられる。一方，社会貢献の意志は世代性意識と比較するとその影響の程度は弱い。女性では主観的幸福感を高める方向で働いていたが，男性ではその影響はみられなかった。

一般に男性は，結婚生活が安定し，配偶者を「人格的」に位置づけることができるとジェネラティヴィティを生み出し，それが主観的幸福感に結びつくが，女性では，配偶者との良好な関係はジェネラティヴィティに結びつかず，直接に主観的幸福感を左右する。ジェネラティヴィティに影響するのはその個人の規範的な態度といえるかもしれない。

本研究の問題点と今後の課題　本研究では結婚生活における男性と女性の差異を明らかにすることが目的の1つであり，そのため男性と女性をペア（夫婦）では扱わなかった。また，ペアデータのみとすると，配偶者の一方が回答しないデータを大量に廃棄することになり，それもあって個別データとして扱った。しかし，結婚コミットメントを考える場合，夫婦の相互性も考慮に入れる必要

がある。今後は，結婚コミットメントとジェネラティヴィティの関係について，ペアデータとしてどのような分析が可能なのかを考える必要がある。また，量的データのみでなく，それを補う質的データとして，配偶者をどのように位置づけ，アイデンティティやジェネラティヴィティを発揮していくかを今後の課題としていきたい。

■注
1) 中年期をどこまでとするかは議論の対象だが，わが国では厚生労働省が65歳からを高齢期としているため64歳までとした。なお，始期は，今日では40代で子育て期の親もいるが，本研究の対象者の多くが大学生の親のため40代とした。

■引用文献
Erikson, E. H. (1968) *Identity:Youth and crisis.* New York: Norton.（岩瀬庸理（訳）(1969) アイデンティティ：青年と危機　北望社）
福島朋子・沼山　博 (2015) 子どもの有無と主観的幸福感：中年期における規定因を中心として　心理学研究, 86, 474-480.
稲葉昭英 (2002) 結婚とディストレス　社会学評論, 53, 69-84.
伊藤裕子 (2008) 夫婦関係における男性　柏木惠子・高橋惠子（編）　日本の男性の心理学：もう1つのジェンダー問題　有斐閣　pp.97-119.
伊藤裕子・相良順子 (2012a) 定年後の夫婦関係と心理的健康との関連：現役世代との比較から　家族心理学研究, 26, 1-12.
伊藤裕子・相良順子 (2012b) 愛情尺度の作成と信頼性・妥当性の検討：中高年期夫婦を対象に　心理学研究, 83, 211-216.
伊藤裕子・相良順子 (2014) 夫婦関係における精神的健康指標のジェンダー差　心理学研究, 84, 612-617.
伊藤裕子・相良順子 (2015) 結婚コミットメント尺度の作成：中高年期夫婦を対象に　心理学研究, 86, 42-48.
伊藤裕子・相良順子・池田政子 (2004) 既婚者の心理的健康に及ぼす結婚生活と職業生活の影響　心理学研究, 75, 435-441.
伊藤裕子・相良順子・池田政子・川浦康至 (2003) 主観的幸福感尺度の作成と信頼性・妥当性の検討　心理学研究, 74, 276-281.
Johnson, M. P., Caughlin, J. P., & Huston, T. L. (1999) The tripartite nature of marital commitment: Personal, moral, and structural reasons to stay married. *Journal of Marriage and the Family,* 61, 160-177.
Josselson, R. (1973) Psychodynamic aspects of identity formation in college women.

Journal of Youth and Adolescence, **2**, 3-52.

柏木惠子・平山順子 (2003) 夫婦関係　日本児童研究所（編）　児童心理学の進歩 Vol.42　金子書房　pp.85-117.

古村健太郎・松井　豊 (2013) 親密な関係におけるコミットメントのモデルの概観　対人社会心理学研究, **13**, 59-70.

厚生労働省 (2016) 国民生活基礎調査の概況（平成27年）
http://www.mhlw.go.jp/toukei/saikin/hm/k-tyosa/k-tyosa15/indeex.html（2016年8月8日）

串崎幸代 (2005)　E. H. Eriksonのジェネラティヴィティに関する基礎研究：多面的なジェネラティヴィティ尺度の開発を通して　心理臨床学研究, **23**, 197-208.

McAdams, D. P., & de St. Aubin, E. (1992) A theory of generativity and its assessment through self-report, behavioral acts and narrative themes in autobiography. *Journal of Personality and Social Psychology,* **62**, 1003-1015.

McAdams, D. P., & de St. Aubin, E. (1998) *Generativity and adult development: How and why we care for the next generation.* Washington, DC: American Psychological Association.

Proulx, C., Helms, H. M., & Buehler, C. (2007). Marital quality and personal well-being: A meta-analysis. *Journal of Marriage and the Family,* **69**, 576-593.

小澤義雄 (2012) 老年期のGenerativity研究の課題：その心理社会的適応メカニズムの解明に向けて　老年社会科学, **34**, 46-56.

相良順子・伊藤裕子 (2014) 中高年期におけるGenerativityと達成動機との関連　日本心理学会第78回大会論文集, 9.

相良順子・伊藤裕子 (2016) Generativityの年代差と男女差　日本発達心理学会第27回大会論文集, 347.

下仲順子・中里克治・高山　緑・河合千恵子 (2000) E. エリクソンの発達課題達成尺度の検討：成人期以降の発達課題を中心として　心理臨床学研究, **17**, 525-537.

田渕　恵・中川　威・権藤恭之・小森昌彦 (2012) 高齢者における短縮版Generativity尺度の作成と信頼性・妥当性の検討　厚生の指標, **59**, 1-7.

詫摩紀子・八木下暁子・菅原健介・小泉智恵・菅原ますみ・北村俊則 (1999) 夫・妻の抑うつ状態に影響を及ぼす夫婦間の愛情関係について　性格心理学研究, **7**, 100-101.

宇都宮　博 (1999) 夫婦関係の生涯発達：成人期を配偶者とともに生きる意味　岡本祐子（編）　女性の生涯発達とアイデンティティ：個としての発達・かかわりの中での成熟　北大路書房　pp.179-208.

宇都宮　博 (2004) 高齢期の夫婦関係に関する発達心理学的研究　風間書房

宇都宮　博 (2005) 結婚生活の質が中高年者のアイデンティティに及ぼす影響：夫婦間のズレと相互性に着目して　家族心理学研究, **19**, 47-58.

Appendix 各測度の相関係数

	1	2	3	4	5	6
1．人格的コミットメント	—	−.10	.30***	.23***	.34***	.29***
2．諦め・機能的コミットメント	−.04	—	.59***	.01	−.13*	−.20***
3．規範的コミットメント	.23***	.56***	—	.20***	.18**	−.01
4．世代性意識	.12*	.00	.22***	—	.50***	.50***
5．社会貢献の意志	.13*	−.09	.06	.42***	—	.29***
6．主観的幸福感	.38***	−.16**	.01	.52***	.32***	—

上段右辺：男性，下段左辺：女性　　　　　　　　　　　*p<.05，**p<.01，***p<.001

第Ⅲ部
夫婦関係と心理的健康

第8章　中高年期の夫婦関係における低勢力認知

　勢力とは，社会心理学では，人や組織が，他の人々の行動に影響を与える能力のことを指し，報酬や罰を与えたり，何かを指示したりする力が含まれる。夫婦も夫と妻という2者関係であるので，当然，勢力関係は生じることになる。

　夫婦間の勢力関係については，主に，家族社会学の中で取り上げられてきた。そこにおいては，さまざまな家庭生活活動について最終決定をする者が勢力を保有するものとみなし，夫婦のどちらが決めるのかという観点から夫婦の勢力関係が検討され知見が積み上げられている（e.g., 伊藤，1986；松信，2014）。

　一方，どこから勢力がもたらされるかという点については，衡平理論に基づいた研究が多く行われている。この理論では，二者間の交換においてインプット（自己の貢献）とその結果（アウトプット）の比が等しくないときに不公平感が生まれるとされる（長津，2007）。この理論に基づき，岩間（1997）は不公平，諸井（1996）は衡平性の知覚という用語で同じ概念を検討している。前者は家事における不公平等，後者は，家庭内の意思決定における不公平というさまざまな具体的な状況での妻側の認知を扱っている。本研究では，不公平感を感じる状況には焦点をあてず，「低勢力認知」として勢力関係の不均衡から生じる夫または妻の，自分が相手より低勢力であるというネガティブな認知に焦点をあてた。相手の主張をとりいれることが多くて自分が我慢していることが多いという不均衡な勢力認知の増大は，夫婦の結婚のあり方や関係満足度に影響をもたらすことが推察される。

　心理学の領域では，夫婦間の勢力をまとまった概念として扱った研究は少なく，勢力を測る心理尺度は見当たらない。そこで本章1節では，40代〜70代の中年期から高齢期の既婚男女を対象に夫婦関係において自分が低勢力であるという認知を測る尺度を作成し，ジェンダー差，世代差を検討した。

　2節では，この低勢力認知と離婚願望との関連を取り上げる。厚生労働省による10年毎の調査（厚生労働省，2008）によると，離婚した夫婦の中で，同

居年数が20年以上の夫婦の離婚率が増加傾向にある。離婚に至るまでの過程の中で，お互いに心理的な葛藤を抱えながら生活を続けている夫婦が少なからずいることが推測される。わが国は，先進国の中では性別役割分業が明確であり，特に子育て期は，母親が主に家事・育児の担当者，父親がおもな稼ぎ手となっている夫婦が多い。しかし，中高年期では，子どもから手が離れ，夫婦関係が改めて個人の心理的健康の中で重要となってくる時期である。特に，夫が退職した場合は，夫のおもな稼ぎ手という役割はほぼ消失する。夫婦の中には，夫の経済的基盤がなくなる中で，夫も妻もそれまでの役割分担のうえでかろうじて成り立っていた心理的対等性の問題がより強く浮かびあがってくることになり，離婚を考える場合もあるだろう。低勢力認知が離婚願望と関係があるのか，またそこにはジェンダー差があるのかを検討する。

1節　低勢力認知尺度の作成とジェンダー差および世代差

夫婦間の勢力について不均衡であるという認知を低勢力認知と定義する。本研究では，長津（2007）などの研究を参考に40代～70代の中年期から高齢期の既婚男女を対象に自分が低勢力であるという認知を測る尺度を作成した。妥当性の検討として，夫婦関係満足度との関連をみた。さらに，この低勢力認知とジェンダー差，世代差，夫の定年退職前後の差，および性役割観との関連を検討した。

方　　法

調査方法と時期および対象者については，2008年調査のうち，40～70代の女性476名，男性428名，計904名を対象とした。調査方法については，序章2節の2008年調査の通りである。

測度としては，まず，低勢力認知として，意見の対立や都合の優先順位，決定権において相手の方が優勢な場合（配偶者は自分の都合を優先する，意見が対立し口論になると最後は自分が折れる，大事なことを決めるときには配偶者の意見が優先される）に同意する程度を測定する8項目とした。回答は4件法である。その他，夫婦関係満足度と性役割観を用いた。性役割観は，伝統的性

別分業観を示す尺度で4件法である。

結　果

1．低勢力認知尺度の検討

　低勢力認知の8項目に対して，主成分分析を行った結果，第一主成分は5項目から成り，主成分において.67を超える負荷量であり，第一主成分の寄与率は，59.74%，α係数は，.83で十分な内的整合性が得られた（表8-1参照）。

2．低勢力認知と夫婦関係満足度の関連

　男女別に低勢力認知と夫婦関係満足度との関連を検討した結果，男性で$r=-.38$，女性で$r=-.40$の相関が得られた。世代別に夫婦関係満足度との相関を算出した結果，40代（男性：女性，$-.50：-.41$），50代（$-.32：-.30$），60代（$-.29：-.54$），70代（$-.56：-.56$）という値が得られ，夫も妻も自分が低勢力であるという認知が高いほど，世代間で関連の強さの違いはあるものの，夫婦関係満足度が低下することが示された。

表8-1　低勢力認知の主成分分析結果

質問項目	第1主成分
何か用事をしていても配偶者は自分の都合を優先するように言う	.83
たとえ本人のミスでも配偶者はなかなか非を認めようとしない	.80
配偶者はなにかにつけて自分の都合を優先させる	.79
何かの都合で約束が果たせなかったとき，配偶者は強い非難の言葉を浴びせる	.77
一度決めたことをこちらの都合で変えなければならないとき，配偶者は快い返事をしない	.67
主成分の2乗和	2.99
寄与率（%）	59.74

3. 低勢力認知の世代別比較

　低勢力の各項目の合計点を項目数で除した値を低勢力認知得点として，まず，男女差をみたところ，男女間で得点の差異はみられなかった。次に，男女別に世代について1要因の分散分析を行った結果，女性のみに年代による差異（$F(3,442)=2.9, p<.05$）が認められた。年代が高いほど低勢力認知が高いことが明らかとなった（図8-1参照）。

4. 低勢力認知と夫の退職前後の差および性役割観との関連

　夫の退職が夫と妻の低勢力認知に関係するかどうか検討したところ，女性においてのみ夫の退職後で低勢力認知が高くなっていたが（$F(1,402)=4.17, p<.05$），男性で差は認められなかった。

　さらに，性役割観との関連については，60代男性で$r=.18$，40代女性で$r=-.19$という弱いが逆方向の相関が得られ，男性は性別役割分業に賛成するほど低勢力認知が高くなり，一方，40代女性では，性別役割分業に反対するほど低勢力認知が高まるという関係がみられた。

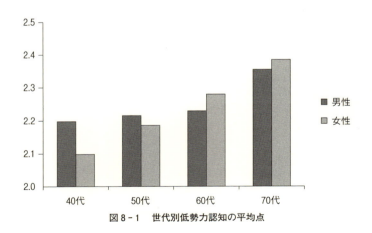

図8-1　世代別低勢力認知の平均点

考　察

　夫婦間の勢力の不均衡の認知を低勢力認知とし，低勢力認知の尺度を作成した。夫婦関係満足度と負の相関がみられ，妥当性が示された。

　次に，低勢力認知におけるジェンダー差，年代差を検討した結果，男女の違いはみられなかった。男性も女性と同程度，低勢力認知を報告していたことは予想外の結果であった。男性が妻に対して低勢力認知を感じていることの背景に，男性が期待する妻の勢力と実際の妻の勢力の間にずれがあることが考えられる。つまり，伝統的な性役割観をもつために妻が勢力をもつことを期待していない場合が多いのかもしれない。そこで，本研究の性役割観との関連の結果をみると，本研究での60代の男性において性別役割分業観が強いほど低勢力認知が高いという関係が得られ，妻に対して伝統的な役割期待が高いほど低勢力認知を感じやすいことが示唆された。一方，女性は40代で性別役割分業観が弱いほど低勢力認知が高かったが，これは，性別役割分業観が伝統的でないほど，夫からの平等な対応を期待していると考えられる。ただ，低勢力認知と性役割観との関係そのものは弱く，低勢力認知に関連している要因が他にも考えられる。夫婦間ではどのような関連があるのかは，2節で検討した。

　また，世代間では，女性において40代，50代より60代，70代の低勢力認知が高くなっていることが明らかとなった。女性の場合，夫の退職という役割の変化の影響が示唆された。退職した夫に対しては不公平感が高まることが考えられる。視点を変えれば，女性においては，男性はおもな稼ぎ手であるべきだという伝統的性役割観が内面化されており，夫がその役割をもはや果たしていないにもかかわらず夫婦の関係が不公平であるという不満が低勢力認知をもたらす1つの要素とも考えられる。60代，70代では，男女の配偶者に対する役割期待のずれや，自身の健康や親の介護の問題などが絡んでいることが予想され，今後この点について検討する必要があるだろう。

2節　中高年期の夫婦における低勢力認知と離婚願望：
ペアデータの分析から

1節では，低勢力認知尺度の妥当性が示されたが，本節では，この尺度を用いて離婚願望との関係を検討したい。わが国では，夫と妻の夫婦関係満足度が非対称であり，夫より妻の関係満足度が低いことが示されている（池田・伊藤・相良，2005）。しかし，男女の性別役割分業意識が高いこと，また，よほどの専門技術をもっていないかぎり中年期以降の女性の再就職が難しい日本の社会的状況にあっては，妻の中には，関係満足は低いけれども離婚までは考えていないという者が多いだろう。だからこそ，離婚を考える，あるいは考えたことがあるという回答は，精神的健康の観点からも重要視されなければならない。また，第9章でも，低勢力認知と抑うつ傾向との有意な相関が報告されている。そこで，本稿では，夫と妻の離婚願望を扱うことにした。夫婦間勢力関係においては，相手の主張をとりいれることが多くて自分が我慢していることが多いという不均衡な勢力認知の増大は，結婚を維持しようとする意志を失い，夫婦関係に対する離婚願望を高めることが予想される。

本研究は，中高年の夫婦のペアデータを用いて，離婚願望を高める1つの要因として勢力の差の認知と家事の分担を取り上げ，それは夫と妻で異なるのかを検討した。

方　　法

調査方法と時期および対象者については，子育て期は2015年の調査，中年期は2013年の調査，高齢期は2013年と2014年の調査で実施したデータである。調査方法は，序章2節で述べた通りである。

対象者は，そのうち，40代から60代の夫婦のデータが揃っている522組を対象にした。妻の年齢の平均は52.0歳（$SD=7.3$），夫は54.7歳（$SD=7.4$）であった。

測度としては，本章1節の低勢力認知（4件法），夫の家事分担，離婚願望（妻5件法，夫4件法）を用いた。

結　果

　離婚願望と低勢力認知，および家事分担の平均値とSD，および各変数の相関を表8-2に示した。低勢力認知では妻と夫との平均は同値で，夫も妻と同様に勢力の不均衡を感じていることが示された。しかし，夫婦間の相関は弱く（$r=.108$），夫と妻では低勢力認知はほぼ独立していることが明らかになった。妻の離婚願望は自身の回答による低勢力認知と夫の家事分担とに有意な相関がみられただけでなく，夫の回答による低勢力認知と相関がみられた。一方，夫の離婚願望は自身の低勢力認知のみと相関がみられ，自身の家事分担および妻の回答による低勢力認知とは関係がみられなかった。そこで，妻の離婚願望を目的変数，妻および夫の低勢力認知と夫の家事分担を説明変数として重回帰分析を行った結果，妻の低勢力認知（$\beta：.371, p<.001$），妻の回答による夫の家事分担（$\beta：-.168, p<.01$），夫の低勢力認知（$\beta：.108, p<.05$）のどの変数も有意な規定力を示した。

考　察

　本研究の結果から，自分が配偶者より勢力が低いという認知は，妻も夫も同程度回答していたが，低勢力認知の意味するところは妻と夫で異なり，妻の低勢力認知は夫よりも離婚願望とより強く関連していた。また，妻にとって夫の家事参加の低さは離婚願望に対し弱いが規定力があり，また，夫の低勢力認知も同様であった。妻においては自分が我慢しているという認識だけでなく，夫の家事分担の低さや夫が不満を抱いているという認知も離婚願望につながるこ

表8-2　各変数の平均値と相関係数

	①	②	③	④	⑤	平均値（SD）
①妻・離婚願望						1.96（0.93）
②妻・低勢力認知	.396***					2.20（0.65）
③妻・夫の家事分担	-.216***	-.156**				2.11（1.15）
④夫・離婚願望	.260***	.031	-.056			1.48（0.67）
⑤夫・低勢力認知	.163**	.108*	-.075	.217***		2.20（0.62）
⑥夫・夫の家事分担	-.093	-.052	.662***	-.040	-.057	2.34（1.10）

*$p<.05$，**$p<.01$，***$p<.001$

とが示唆された。一方，夫による心理的変数は，自己の離婚願望と有意な相関はあるにしても妻の離婚願望とは相関がなく，自己の家事分担も特に離婚願望とは関係がない。これは，妻の不満に対し夫は気がつきにくいことが考えられる。また，自己の家事分担は社会的な分業観とは一致しないので，妻にとって「夫が家事を手伝ってくれない」という情緒的な問題が絡むような認知にはなりにくいのかもしれない。

■引用文献

池田政子・伊藤裕子・相良順子（2005）夫婦関係満足度にみるジェンダー差の分析：関係は，なぜ維持されるか　家族心理学研究，19，116-127．
伊藤冨美（1986）夫婦間勢力関係の類型　風間書房
岩間暁子（1997）　性別役割分業と女性の家事分担不公平感：衡平価値論・勢力論・衡平理論の実証的検討　家族社会学研究，9，67-76．
厚生労働省（2008）平成21年度「離婚に関する統計」の概況　http://www.mhlw.go.jp/toukei/saikin/hw/jinkou/tokusyu/rikon10/（2017年5月3日）
松信ひろみ（2014）リタイア期夫婦における夫婦の勢力関係　駒沢社会研究，46，85-100．
諸井克英（1996）家庭内労働の分担における衡平性の知覚　家族心理学研究，10，15-30．
長津美代子（2007）中年期における夫婦関係の研究　日本評論社

第 9 章　中高年期の夫婦関係と精神的健康指標のジェンダー差

　結婚生活や夫婦関係の良否が個人の精神的健康に影響を及ぼすことはこれまで多く指摘されてきた（伊藤・相良・池田，2004；Proulx, Helms, & Buehler, 2007）。配偶者との信頼感や親密性，配偶者からの情緒的サポート，結婚生活への満足感が低いほど，妻と夫の抑うつ傾向が高くなることが報告されており（Raimo & Poutanen, 1998），配偶者への愛情は妻と夫の抑うつに直接影響していた（詫摩・八木下・菅原・小泉・菅原・北村，1999）。

　しかし，そこにはジェンダー差がみられる。伊藤ら（2004）によれば，妻にとって精神的健康の最も大きな源泉は夫婦関係満足度だが，夫にとってのそれは職場満足度だという。また，高齢期になると，夫婦関係ステイタスにおいて，結婚満足度は高いが人格的交わりを欠いた「表面的関係性型」は圧倒的に男性に多く（宇都宮，2004），男性では中年期までみられていた夫婦関係満足度から精神的健康へのパスが，高齢期ではみられなくなることが報告されている（伊藤・相良，2012a）。このように男性はどのような結婚生活を営んでいるかという結婚の質より，結婚生活そのものからより多くの利益を被っており（稲葉，2002），それに対して女性は結婚の質に左右されやすい。例えば，抑うつ状態の発症に関して，女性は結婚生活や配偶者との関係から否定的な影響を受けやすいといわれる（Proulx et al., 2007；詫摩ら，1999）。それは，女性がケア役割を期待される（平山，1999）なかで，親しい者に発生したストレッサーに対する共感性が高まり，脆弱性を強める（Kessler & McLeod, 1984）からだと考えられる。

　このように結婚生活から影響を受ける程度は男性より女性の方が強いことはこれまでの研究から明らかにされてきたが，それは精神的健康の指標に，多くの場合，抑うつが用いられてきたことも一因と考えられる。そこで用いられる指標は，CES-D（Center for Epidemiologic Studies Depression Scale）やGHQ（The General Health Questionnaire）をはじめとする抑うつ尺度だが，これら

はリスクの高い人を抽出するのが目的で,精神的に健康な成人の個人差を的確に表すのに適しているかは不明である。一般に,男性より女性の方がうつ症状を表に出しやすいといわれており(Whisman, 2001),他方,これら抑うつ尺度において,男性に多いといわれる感情制御の障害であるアレキシサイミア(alexithymia)に象徴されるように,自己の感情状態(悲しい,恐ろしいなど)を男性の方が認知しにくい(林,2005)というジェンダー差も指摘されている。

一方,精神的健康の指標には,大別するとネガティブな指標とポジティブな指標があり,職業生活や家庭生活におけるストレスフルな事態に対して抑うつや不安,身体症候として現れやすく,そのためこれまで精神的健康の測度にはネガティブ指標が多く用いられてきた。しかし,近年,ポジティブな側面に注目することの重要性がつとに指摘されている(Avia, 1997)。それには生きがい感,人生満足感の他に,主観的幸福感(subjective well-being)などがあり,これは老年学の分野におけるQOL(Quality of Life)研究の発展の中で生まれてきた(伊藤・相良・池田・川浦,2003)。なお,主観的幸福感とは,自らの人生を満足なものとして現状を肯定的に認識できる,あるいは,さまざまな日常の事柄をポジティブに感じられる精神的状態を健康であると考えるものである(Diener, 1985)。

結婚生活において,ケアを提供する側の女性は,結婚の質が確保されないと抑うつが強まり,一方,多くはケアを受ける側の男性は,結婚の質より結婚生活が保証されることで生活満足感や主観的幸福感が維持されると考えられる。結婚生活や夫婦関係が精神的健康に及ぼす影響について,従来,数多くの研究で,どのような変数によって精神的健康が影響を受け,また,その影響の仕方にどんなジェンダー差があるか報告されてきた。しかし,どういった種類の被説明変数が影響を受けやすいかに関するジェンダー差については特に注目されてこなかった。これまで同一の対象者に2種(ポジティブ・ネガティブ)の被説明変数を用いて,その影響の程度を比較する目的で検討されたものはなく,夫婦関係においては被説明変数の種類にもジェンダー差がみられることを明らかにしたい。なお,ここでいう夫婦関係とは,夫婦の相互のやり取りを指し,さらに関係に対する評価を含むもので,かつ,扱う説明変数は本人の認知による[1]。

仮説として，夫婦関係と精神的健康との関連は，男性では抑うつより主観的幸福感との関連が強く，女性では両者に差がないか，ある場合には抑うつの方が強い。

方　　法

調査対象と方法は，序章2節2008年調査で述べた通りである。本研究では，大学生を子どもにもつ中年期の夫婦のみとし，有効票は女性221名，男性210名，計431名だった。調査は2008年7月に実施された。

対象者の属性として，平均年齢は，男性51.6歳（SD5.2），女性48.6歳（SD4.6），平均結婚年数は23.0年（SD4.3）だった。有配偶者のうち配偶者と同居している者が96.0%，別居1.9%，離死別2.1%だった。学歴は，男性の48.8%が大卒で，37.3%が高卒，女性では37.1%が短大卒（大卒は16.3%）で，43.4%が高卒だった。就業形態は，男性では常用雇用が66.5%，経営者・役員12.4%，自営業・自由業11.5%で，女性では38.5%がパート・アルバイトだが，常用雇用21.7%と専業主婦24.9%がほぼ同割合を占めた。家計収入は，600～1,000万円未満が40.1%と大半を占める一方，1,000万円以上が31.5%だった。

分析の測度には以下の変数を用いた。(a) 精神的健康として，ポジティブな指標に主観的幸福感，ネガティブな指標に抑うつ，(b) 夫婦関係として，結婚満足度（夫婦関係満足度，離婚願望），夫婦のコミュニケーション（会話時間），情緒的関係（夫婦の愛情），勢力（低勢力認知），(c) その他の変数として，健康状態，家計収入，収入満足度，から成る。

結　　果

1．各測度の基本統計量と性差の検討

表9-1に各測度の平均値とSD，t検定結果を示した[2]。なお，全変数の相関は男女別に章末資料に示した（Appendix参照）。

まず，精神的健康の測度として用いた主観的幸福感と抑うつには，いずれとも性差はみられなかった。次に，夫婦関係の各測度についてみたところ，夫婦関係満足度では男性の方が満足度は高く，夫婦の愛情でも男性の方が高かった。また，夫婦のコミュニケーションでは，会話時間に差はみられず，低勢力認知

表9-1　各測度の平均値とSDおよびt検定結果

	男性		女性		t値
主観的幸福感	34.28	(4.71)	34.74	(4.51)	ns
抑うつ	17.01	(5.48)	17.03	(4.90)	ns
関係満足度	7.56	(1.94)	6.88	(2.23)	3.35***
離婚願望	1.51	(0.71)	1.93	(0.95)	——
会話時間	3.00	(1.06)	2.98	(1.13)	ns
愛情	47.80	(7.81)	44.41	(10.58)	3.68***
低勢力認知	18.51	(4.34)	17.71	(4.40)	ns
健康状態	2.96	(0.63)	3.01	(0.63)	ns
家計収入	5.66	(1.56)	5.55	(1.65)	ns
収入満足度	2.86	(1.13)	3.23	(1.16)	3.27***

***$p<.001$

でも差はみられなかった。さらに属性変数では，健康状態に差はなく，また，家計収入で夫と妻の認識に差はみられないが，それに対する満足度では男性の方が満足度は低かった。

夫婦関係の測度のうち，会話など，「夫婦でともに行う行動」に対する認識に差はなく，他方，「夫婦の関係性」に対する認知では性差がみられた。

2．夫婦関係の各測度と主観的幸福感，抑うつの関連，および両者の比較

夫婦関係の各測度と精神的健康の2種の測度との関連および両者の比較を行うため，相関係数を算出した後，Hotellingの式により精神的健康の測度2種の相関係数の比較を行った[3]（岩原，1965）。なお，主観的幸福感と抑うつの相関は，男性で$r=-.57$（$p<.001$），女性で$r=-.45$（$p<.001$）だった。結果は，表9-2に示す通りである。

男性では，夫婦関係の全ての測度と主観的幸福感との相関が有意であり，なかでも夫婦関係満足度，夫婦の愛情は主観的幸福感との相関が高かった。これに対して抑うつでは，離婚願望，愛情との相関がみられなかった。両者の相関の大きさを比較したところ，関係満足度（$t(200)=5.63$, $p<.001$），離婚願望（$t(203)=3.50$, $p<.001$），夫婦の愛情（$t(197)=4.28$, $p<.001$）のいずれにおいても抑うつより主観的幸福感との相関の方が高かった。

一方，女性では，男性の場合と様相を異にし，全ての測度と抑うつとの相関

表9-2 夫婦関係およびその他の測度と主観的幸福感，抑うつの相関

	男性		女性	
	幸福感	抑うつ	幸福感	抑うつ
関係満足度	.42*** >	−.23***	.34***	−.40***
離婚願望	−.30*** >	.12	−.43***	.42***
会話時間	.25***	−.23***	.12	−.24***
愛情	.38*** >	−.13	.28***	−.27***
低勢力認知	−.18*	.21**	−.05 <	.26***
健康状態	.38***	−.42***	.39***	−.31***
家計収入	.26***	−.17*	.35***	−.22**
収入満足度	.42*** >	−.21**	.43*** >	−.09

*$p<.05$, **$p<.01$, ***$p<.001$
>, <は相関の差が有意なもの

が有意で，なかでも離婚願望，夫婦関係満足度との相関が高かった。これに対して主観的幸福感では，会話時間，低勢力認知で相関がみられなかった。両者の相関を比較したところ，低勢力認知（$t(204)=2.67$, $p=.008$）で主観的幸福感より抑うつの方が相関は高かった。

他方，夫婦関係の測度との関連でみられた精神的健康の2種の測度におけるジェンダー差が，健康状態を含んだ属性変数との関係でもみられるかを検討した。男性の場合，主観的幸福感，抑うつとも相関が全て有意で，特に収入満足度でその差が有意だった（$t(203)=5.48$, $p<.001$）。これに対して女性では，主観的幸福感との相関は全て有意だが，抑うつでは収入満足度との相関がみられず，収入満足度においてその差が有意だった（$t(208)=4.76$, $p<.001$）。このように健康状態を含む属性変数においては，男女とも抑うつより主観的幸福感との間に高い相関が得られた。

なお，男女での比較を行うため，主観的幸福感と抑うつを被説明変数に，表9-2上部に示す5つの夫婦関係各測度を説明変数とする共分散構造分析を行った（$N=370$）。モデルの適合度指標はGFI=.993，AGFI=.816，RMSEA=.095で，適合の範囲内といえる。男女別の多母集団分析を行い，パス係数を比較したところ，男女で有意な差がみられたのは離婚願望のみで，主観的幸福感へは男性 $\beta=.03$，女性 $\beta=-.35$（$p=.009$），抑うつへは男性 $\beta=-.09$，女性 $\beta=.30$（$p=.01$）だった。

考　察

　本研究は，夫婦関係と精神的健康との関連について，精神的健康の測度である主観的幸福感と抑うつで関連の仕方にジェンダー差がみられるかを検討した。結果は，男性では抑うつより主観的幸福感との関連が強く，女性では両者に差がないか，ある場合は抑うつの方が強いというもので，相関において仮説は支持された。

　まず，夫婦関係の各測度と精神的健康との関連にみられるジェンダー差に着目すると，関係満足度と離婚願望および愛情について，前二者は夫婦関係の総合的な側面に対する評価であるが，愛情は夫婦関係における情緒的側面への評価であり，夫婦関係の中核をなすものといえる。それらにおいて女性では幸福感，抑うつとも同程度に強い関連を示したが，男性では両測度の差は大きく，なかでも離婚願望，愛情は抑うつとの関連を示さなかった。精神的健康と最も高い関連を示したのが女性の離婚願望で，実際，「離婚したい」を含め「そういう選択肢もあり得る」と考える者が，女性で26.8％（男性で10.6％）いた。また，精神的健康の両測度において，女性では離婚願望が精神的健康を著しく減ずるが，男性では影響を及ぼさなかった。中年期の女性における結婚満足度の低さ（稲葉，2004）や愛情の低さ（伊藤・相良，2012b）からも離婚願望の高さは推察されるが，一般に，男性より女性の方が否定的な影響を受けやすく，結婚生活に不満を抱きやすいという（Proulx et al., 2007）。そのため離婚願望をはじめとして，関係満足度において抑うつとの高い関連がみられたものと思われる。

　一方，関連はさほど強くないが，抑うつとの関連の方が強かったのが女性の低勢力認知で，しかも女性では幸福感との関連はみられなかった。しかし，女性が幸福感より抑うつによく反応するかというと必ずしもそうではなく，健康状態を含む属性変数との関連では，男性同様幸福感との関連の方が強かった。

　夫婦関係と精神的健康との関連について，夫婦間葛藤のようなネガティブな先行変数に対しては男女とも抑うつなどが適しているかもしれない。しかし，夫婦の相互性をみる種々の変数や結婚（関係）満足度あるいは愛情などポジティブな先行変数では，対象者が女性のみなら抑うつ尺度でもよいが，男性では，

これまでみてきたように，抑うつより主観的幸福感の方が良く反応するため，対象者が女性のみでなく両性（夫婦）の場合は，抑うつよりwell-beingな状態を測定する尺度の方が適しているといえるだろう。また，抑うつ尺度にあるような「悲しい」「恐ろしい」など，自己の感情状態を男性では認知しにくく（林，2005），むしろ自尊感情と関連のある主観的幸福感（伊藤ら，2003）の方が，夫婦関係の現実を的確に反映すると考えられる。夫婦関係の研究において，被説明変数として用いる精神的健康の測度の性質にジェンダーによる違いがあることを，これからの研究ではもう少し考慮する必要がある。また，女性は男性と比べて，結婚の質の低下が精神的健康を強く低下させるという結果においても，この点はいえるだろう。

本研究の問題と今後の課題　第一に，対象者の問題がある。本研究の対象者は中年期の子どものいる夫婦で，大多数が配偶者のいる者だった。男性では配偶者の有無で精神的健康に差異があることを考慮すると，より広範な対象者からの回答が必要であろう。また，特に夫婦間葛藤が大きくなる子育て世代での調査を含めることも必要になってくる。第二に，精神的健康の測度である主観的幸福感と抑うつにおける反応の敏感さとしてみられたジェンダー差が，夫婦関係以外の場合でもみられるかという問題がある。今後の課題としたい。

■注

1) 配偶者の夫婦関係要因が本人の精神的健康に及ぼすクロスオーバーな影響も考えられるが，本人がその夫婦関係をどのように認知しているかが重要であると考え，説明変数を本人の認知に限定した。
2) 測度には，厳密にいえば間隔尺度をなしていないものも一部含まれるが，他の夫婦関係に関わる変数との比較から同様の扱いとした。なお，離婚願望は男性と女性で評定の仕方が異なるので，検定は行われていない。
3) 相関係数の差の検定は検定の繰り返しに相当するので，基本的には有意水準の切り下げを行うべきだが（$0.05/16 = 0.003125\%$），これを超える場合は確率を明記した。

■引用文献

Avia, M. D. (1997) Personality and positive emotions. *European Journal of*

Personality, 11, 33-56.
Diener, E. (1985) Subjective well-being. *Psychological Bulletin*, 95, 542-575.
林　真一郎 (2005) 男性役割と感情制御　風間書房
平山順子 (1999) 家族を"ケア"するということ：育児期女性の感情・意識を中心に　家族心理学研究, 13, 29-47.
稲葉昭英 (2002) 結婚とディストレス　社会学評論, 53, 69-84.
稲葉昭英 (2004) 夫婦関係の発達的変化　渡辺秀樹・稲葉昭英・嶋崎尚子 (編)　現代家族の構造と変容　東京大学出版会　pp.261-275.
伊藤裕子・相良順子 (2012a) 定年後の夫婦関係と心理的健康との関連：現役世代との比較から　家族心理学研究, 26, 1-12.
伊藤裕子・相良順子 (2012b) 愛情尺度の作成と信頼性・妥当性の検討：中高年期夫婦を対象に　心理学研究, 83, 211-216.
伊藤裕子・相良順子・池田政子 (2004) 既婚者の心理的健康に及ぼす結婚生活と職業生活の影響　心理学研究, 75, 435-441.
伊藤裕子・相良順子・池田政子・川浦康至 (2003) 主観的幸福感尺度の作成と信頼性・妥当性の検討　心理学研究, 74, 276-281.
伊藤裕子・下仲順子・相良順子 (2009) 中高年期における夫婦の関係と心理的健康：世代比較を中心に　文京学院大学総合研究所紀要, 10, 191-204.
岩原信九郎 (1965) 新訂版・教育と心理のための推計学　日本文化科学社
Kessler, R. C., & McLeod, J. D. (1984) Sex differences in vulnerability to undesirable life events. *American Sociological Review*, 49, 620-631.
Proulx, C., Helms, H. M., & Buehler, C. (2007) Marital quality and personal well-being: A meta-analysis. *Journal of Marriage and Family*, 69, 576-593.
Raimo, K. R., & Poutanen, O. (1998) Risk factors for depression in primary care findings of the TADEP project. *Journal of Affective Disorders*, 48, 171-180.
相良順子・伊藤裕子 (2010) 中高年期の夫婦関係における低勢力認知　日本心理学会第74回大会論文集, 1323.
榊原富士子 (2000) 夫婦関係の終結のあり方：離婚をめぐる諸問題　善積京子 (編)　結婚とパートナー関係　ミネルヴァ書房　pp.212-235.
詫摩紀子・八木下暁子・菅原健介・小泉智恵・菅原ますみ・北村俊則 (1999) 夫・妻の抑うつ状態に影響を及ぼす夫婦間の愛情関係について　性格心理学研究, 7, 100-101.
宇都宮　博 (2004) 高齢期の夫婦関係に関する発達心理学的研究　風間書房
Whisman, M. A. (2001) The association between depression and marital dissatisfaction. In S. Beach (Ed.) *Marital and family processes in depression: A scientific approach*. Washington, D.C.: American Psychological Association. pp.3-24.

第9章 中高年期の夫婦関係と精神的健康指標のジェンダー差

Appendix 精神的健康および他の測度の男女別相関係数

	1	2	3	4	5	6	7	8	9	10
1. 主観的幸福感	—	−.57	.42	−.30	.25	.38	−.18	.38	.26	.42
2. 抑 う つ	*−.45*	—	−.23	.12	−.23	−.13	.21	−.42	−.17	−.21
3. 関係満足度	*.34*	*−.40*	—	−.63	.37	.67	−.33	.16	.09	.17
4. 離婚願望	*−.43*	*.42*	*−.70*	—	.27	−.54	.26	.04	−.08	−.14
5. 会話時間	*.12*	*−.24*	*.49*	*−.38*	—	.33	−.13	.12	.02	.05
6. 愛　　情	*.28*	*−.27*	*.76*	*−.66*	*.52*	—	−.21	.09	−.02	.12
7. 低勢力認知	*−.05*	*.26*	*−.28*	*.26*	*−.15*	*−.22*	—	−.06	.02	−.04
8. 健康状態	*.39*	*−.31*	*.19*	*−.20*	*.10*	*.12*	*.00*	—	.14	.22
9. 家計収入	*.35*	*−.22*	*.25*	*−.18*	*−.05*	*.15*	*−.02*	*.25*	—	.34
10. 収入満足度	*.43*	*−.09*	*.31*	*−.28*	*.07*	*.22*	*−.03*	*.33*	*.49*	—

上段は男性，下段イタリックは女性。

第10章　夫婦関係における親密性の様相

はじめに

　近年の結婚を取り巻く社会状況をみると，第一に，晩婚化の進展があげられる。今日，女性で30代独身などありふれた光景だが，かつては24歳前後が女性の結婚「適齢期」とされ，それを逃した女性は売れ残ったら価値のないクリスマスケーキにたとえられた。第二に，未婚化がこれも急激に進んでいることがある。なかでも生涯未婚率(50歳までに一度も結婚したことがない人の割合)は，1960年代までは男女とも1％台だったものが，1980年頃から増加し始め，2010年の国勢調査では男性で2割，女性でも1割に達し，国立社会保障・人口問題研究所（2008）によると，将来推計（2030年）では，男性の3割，女性でも2割強が未婚のままだと予測される。かつての日本は「皆婚社会」といわれるほど結婚することが当たり前で，欧米からは「結婚好きの民族」と揶揄されるほどだった。それは「結婚して一人前」とみなす社会風土と，独身でいることより結婚することの道具的メリットが男女とも大きかったからである。しかし今日，明らかにこれらの要因は薄れ，結婚の価値は変化した。一方，長寿命化に伴って婚姻期間は長期化している。離婚が増加したとはいえ先進国中では低離婚国で，銀婚式はもちろんのこと，金婚式を迎える夫婦も珍しいことではなくなった。また，世帯構成からみると，65歳以上の者がいる世帯で高齢者だけの世帯が半数以上を占め，そのうち最も多いのは夫婦のみの世帯である（厚生労働省，2014）。少子化に伴って子育て期間も短縮し，夫婦で過ごす期間は長期化している。

　このように戦後の大きな社会変動のなかで結婚の価値は変化し，そこに生きる男女の結婚生活や夫婦関係にも少なからぬ影響をみることができる（柏木，1998）。しかし，わが国では夫婦を単位とした発達研究がごく最近までなかったといってよい（柏木・平山，2003）。家族研究，発達研究はもっぱら親子（なかでも母子）関係が中心で，それも親の養育態度が子に及ぼす影響というよう

に，一方が他方に影響を与えるという関係を反映し，「関係性」に関わる研究そのものが少ない。結婚・夫婦に関してはこれまでもっぱら家族社会学がそのハード面を扱い，ソフト面である夫婦関係は，カップル・セラピィとして家族臨床の分野で扱われてきた。わが国では発達研究のなかで夫婦および夫婦関係が取り上げられるようになったのは1990年代も後半に入ってからである。本稿では，わが国における夫婦関係研究を取り上げながら，親密性とその揺らぎについてみていきたい。

1. 夫婦関係における親密性
[1] Eriksonの親密性という概念

一般に「親密性」という場合，親しい間柄における情緒的にポジティブな関係を指す。そこには関係性が基底にあり，相手の存在を道具的のみならず情緒的に必要としており，かつ上下関係や支配－被支配のない対等な関係において生じるものだといえる。それゆえ友人関係でももちろんあり得るが，多くは恋愛・結婚の文脈で扱われてきた。

一方，Erikson (1950/1977・1980) はエピジェネティックな発達図式の第Ⅴ段階（青年期）をアイデンティティの達成と位置づけ，そして第Ⅵ段階（若い成人期）を親密性の確立とした。他者との親密な関係性の構築を成人期の主要な課題とし，その対極には孤立が位置づけられる。すなわち，自我を脅かされることなく，自己のアイデンティティを他者のそれと融合させることができるかが親密性発達の重要な鍵となる。Eriksonは，アイデンティティを達成した後に他者と親密な関係を結ぶことができるという直線的経路を念頭に置き，実際，同一性地位と親密性地位の間には関連性が見出されているが (Orlofsky, Marcia, & Lesser, 1973)，女性では両者が並行して進行すること，つまり女性は親密な関係をもつことでアイデンティティがより確かなものになることをJosselson (1973) は示し，後の個と関係性の両側面からアイデンティティをとらえる研究の契機となった。

このようにEriksonの発達理論において，青年期までの個体化に重点を置いた心理・社会的課題と，成人期以降の課題である関係性を基盤とした親密性や世代（継承）性を，個と関係性という2つの経路によって理解することができ

るようになった。ここからさまざまな側面でみられる性差を，関係性の程度や質の問題としてみることができるだろう。

［2］結婚コミットメントと親密性

　今日でこそ結婚は，第一義的に愛情や信頼に基づくものと考えられているが，歴史的にはそう古いことではない（落合，1997）。結婚生活には道具的領域と情緒的領域があり，その継続にはシステムの安定と親密性がともに不可欠というわけではない。結婚生活の継続の質をとらえる指標としてコミットメントがあり，結婚生活の継続を説明する主要な概念として位置づけられている（Rusbult & Buunk, 1993）。宇都宮（1999）によれば，コミットメントには2つのレベルがあり，1つはシステムの安定で，結婚の機能性が確保されているか否かに関するものである。他の1つは親密性に基づくもので，関係性の質に関わるものであり，システムの安定にとってそれを不可欠と考えるか否かである。後者を重視する者にとってそれを欠いた状態は耐えがたく，同一対象と再体制化を図るか，形骸化した関係から離脱するか，あるいはシステムの安定でのみ適応を図るという方法がとられると考えられる。

　また，結婚におけるコミットメントはいくつかの次元から構成されていると考えられる。Johnson, Caughlin, & Huston（1999）では，関係に留まりたいと思う「個人的コミットメント」，関係を続けることを道徳的に義務と考える「道徳的コミットメント」，関係に留まることの拘束感ともいえる「構造的コミットメント」の3領域から成るとされる。Adams & Jones（1997）では，熱愛と個人的な献身に基づいた「配偶者へのコミットメント」，道徳的な義務感，遵守すべき制度としての「結婚へのコミットメント」，関係を解消することに伴う人・物の損失をいう「罠にかかった気分」の3因子が報告されている。

　わが国で最初に結婚コミットメントを取り上げたのは宇都宮（2005）で，愛情や信頼に基づき，配偶者個人に向けられた「人格的コミットメント」，役に立つ，生活の安定のためなど「機能的コミットメント」，そして離婚をめぐる「非自発的コミットメント」の3因子が抽出された。その後，伊藤・相良（2015）もほぼ同様の構造を見出しているが，宇都宮（2005）ではみられなかった，社会的・道徳的観点からの「規範的コミットメント」が抽出されている。宇都宮

(2005），伊藤・相良（2015）では，中高年期の夫婦を対象としたものだが，すでに子育て期において，結婚満足度の低い妻で，「個人としての関係」を諦め，「役割としての関係」のみで配偶者との関係を継続していく機序が明らかにされている（池田・伊藤・相良，2005）。家族や家庭の安定，なかでも子どものために，夫婦の親密性を諦め結婚に踏み止まるということが日本の夫婦にはみられている。

　Allen & Meyer（1990）は，さまざまな組織（例えば，企業や宗教団体，クラブなど）における組織コミットメントが，情緒的愛着により組織に関与したいとする「情緒的コミットメント」，経済的理由から，あるいは代替するものが他にないために組織に留まる必要がある「継続的コミットメント」，義務感や規範意識，道徳的観念から組織に関与しなければならないとする「道徳的コミットメント」で構成される3次元組織コミットメント・モデルを提唱しているが，結婚コミットメントも構造的にはこれとかなり類似したものだといえる。それゆえ，結婚が夫婦の親密性からのみ成り立つわけではなく，機能性，さらには社会的あるいは道徳的関係から維持されていることがわかる。

[3] **親密性と愛情，結婚満足度**

　夫婦関係を評価する場合，結婚の質を測る尺度として，古くはLock & Wallace（1959）のMAT（Short Marital Adjustment Test）や，MATを踏襲しながら改編を加えたSpanier（1976）のDAS（Dyadic Adjustment Scale）があり，それらは今日でも使われている。そもそも結婚の質とは，夫婦関係におけるさまざまな次元についての主観的な評価（Spanier & Lewis, 1980）と定義され，これまでの研究で取り上げられてきた夫婦関係に関する諸概念を総花的に盛り込んだ包括概念なのだという（菅原・詫摩，1997）。

　これらの尺度がさまざまな次元を複合的に取り込んだものだとすれば，総合評価を規定する夫婦関係の諸側面（共同活動，意見の一致，コミュニケーション，愛情など）を分離した上でそれらを測定する必要があるだろう。なかでも愛情は夫婦の情緒関係に特化したもので，親密性が「親しい間柄における情緒的にポジティブな関係」を指すのであれば，最も近い概念といえる。わが国では，菅原・詫摩（1997）が，Lee（1977）のLETS-2とRubin（1970）のLove

Scaleをもとに親密性尺度を作成しているが，恋愛尺度をもとにしているため情熱的な愛情を表す内容が多く含まれる。一方，伊藤・相良（2012b）では，中高年期の夫婦を対象としたため，情緒的サポートを中心とした穏やかな内容になっており，表10-1にみるように，愛情の高さは自己開示や共同活動と，また総合評価としての夫婦関係満足度や負の離婚願望と高い関連をもつ。そしていずれの測度でも女性の方が関連は高い。一般に，男性より女性の方が否定的な影響を受けやすく，結婚生活に不満を抱きやすいといわれるが（Proulx, Helms, & Buehler, 2007），これらの女性における高い関連は，裏を返せば，配偶者に愛情がもてなくなると，結婚生活を維持していくことに強い葛藤を感じ，その結果，抑うつが高まったり，さまざまな対処（諦め，関係の切り離しによる個人化・個別化，別居・離婚など）が講じられることになる。

　また，総合評価としての結婚満足度は，わが国の場合，いずれの調査においても夫に比べ妻の満足度が低いことが指摘されている（稲葉，2004；伊藤・池田・相良，2014；柏木・数井・大野，1996）。それは，子育て期，中年期さらには高齢期においても同様だった。これは夫の方が妻より多くのサポートを受領しているというサポートギャップ仮説（Belle, 1982）により説明されている。そのため結婚生活からより多くのものを得ているのは夫である男性だといわれる（稲葉，2004；伊藤，2008）。

　一方，結婚満足度は時間経過とともにどのように変化するかについて，これまでいわれてきたのはU字型の変化である。すなわち新婚期に高く，子どもが反抗期を迎える中年期のころ夫婦関係は最も悪くなり，子どもの離家によって夫婦関係はまた改善されるというものである。わが国で得られたランダムサン

表10-1　愛情尺度と他の変数との相関　（N=888）
（伊藤・相良，2012b）

	男性	女性
夫婦関係満足度	.64***	.78***
離婚願望	−.51***	−.66***
会話時間	.34***	.51***
自己開示	.53***	.72***
共同活動	.40***	.52***

$***p<.001$

プリングによる大規模調査の結果も同様の変化を示している（稲葉，2004）。しかし，多くは横断的研究で，離婚や死別によるデータの欠損から，満足度の低い夫婦が抜け，満足度の比較的高い夫婦が結果として残った選択バイアスによる（Van Laningham, Johnson, & Amato, 2001），あるいは子どものいない夫婦でも年数が経過すると満足度は低下するので，満足度の低下を子どもの効果だけでは説明できないなど，U字型分布に対する批判がある。近年では，結婚満足度は直線的あるいはL字型のように減少するという報告も多い（e.g., Bradbury, Fincham, & Beach, 2000）。一般に，結婚満足度は結婚直前が最も高く，結婚後数年で急激に低下し，その後中年期までは緩やかに低下すると考えられる（Kurdek, 1999；Van Laningham et al., 2001）。

2．夫婦関係における親密性の揺らぎ
［1］子育て期における夫婦の乖離

『子供をもつと夫婦に何が起こるか』（Belsky & Kelly, 1994／1995）で語られるように，第一子が生まれた夫婦の7割近くは結婚生活に不満を覚えるようになる（Gottman & Silver, 1999／2007）。子どもが生まれると，子育ての負担や生活形態の変化などから，夫婦それぞれの相手への期待や欲求が急激に高まるにもかかわらず，逆に満たされにくい状況になる。

子どもが生まれる前（妊娠8か月）から誕生後2年，3年の夫婦関係の変化を追った縦断研究をみると（小野寺，2005），夫婦関係のうち，相手に甘えるような「親密性」は妻・夫とも誕生後2年で顕著に低下し，それは妻では夫の育児参加の少なさと子どもの育てにくさが，夫では妻のイライラと夫自身の労働時間の長さが関連していた。また，同研究で，社会に関わる自分，夫／妻としての自分，父親／母親としての自分の3つを，全体を10としたときどのように割り振ったかを各時期で尋ねたところ，夫は社会に関わる自分の割合が子の誕生後さらに大きくなり，妻は母親としての自分の割合が顕著に大きくなった。そして男女いずれとも，夫／妻としての自分の割合は親になると小さくなる傾向がみられた（小野寺，2013）。夫婦が中心のアメリカ社会では，子の誕生は夫婦（関係）に重大な危機をもたらすが，子どもが家庭の中心を占める日本社会では，小野寺（2013）にみられるように，夫は稼ぎ手としての，妻は母

親としての意識をより強めることになり，それは結果として規範にのっとった伝統的な性別役割分業を実行することに他ならない。

しかし，規範と現実の欲求（子どもともっと関わりたい，あるいは仕事をしたい）との乖離はさまざまなところで生じてくる。長時間労働は男性から育児との関わりを遠ざけ，子育て期の女性の就業を困難にしている。男女とも一昔前（高度経済成長時代）の規範意識にとらわれており，日本では母親役割の基準が高すぎる（Holloway, 2010/2014）ことが，育児不安を生み，少子化にもつながっていく。

わが国に特徴的なのは，子どもをもつことで夫婦（関係）に危機が訪れるというより，妻側からは夫に，父親役割を果たしてほしい，もっと家庭に関与してほしいという要望が強いことにある。中高年期夫婦の回想による関係満足度（1～10で評価）をみると（図10-1），妻は子育て期に著しく満足度を低下させているが，夫にそのような低下はみられない（伊藤・相良，未発表）。また，実際の子育て期では，妻の関係満足度を規定するのは，妻がフルタイム就業である場合を除き，妻の家事関与ではなく子育て関与の多さであり，それは中年期になって子育て負担が軽減しても，妻の子育て関与の多さが関係満足度を減じていた（伊藤・池田・相良，2003）。すなわち，多くの妻にとって家事負担が大きいことは我慢できても，子育てについて夫の関与が少ないと満足度の低

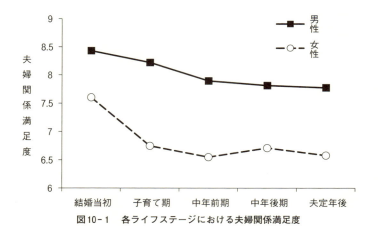

図10-1　各ライフステージにおける夫婦関係満足度

下を招き，それは中年期になっても継続することを意味しよう。

　実際，子育て期の夫の家庭関与は，妻が就業している場合には妻の満足度はもちろん，夫の満足度をも高める。しかし，妻が無職（専業主婦）の場合，夫の家庭関与の多寡はそのいずれにも影響しない（伊藤・相良・池田，2006c）。国の施策としてワークライフバランスが叫ばれているが，それは子育て期の夫婦にとってこそ必要なのである（山口，2009）。

[2] 関係の破綻：離婚

　現在では結婚する夫婦の大半は恋愛結婚だが，離婚する夫婦も確実に増え，特に近年，増加傾向にあるのが同居期間20年以上の中高年の離婚である。しかし，やはり多いのは同居期間が5年未満で全体の1/3を占める（厚生労働省，2012）。離婚が増加している要因として最も大きいのは経済的要因で，女性の雇用機会の増大や各種社会保障制度が，離婚後の生活基盤を支えるものとして不十分ながら機能していることが挙げられる。同時に，離婚への寛容性が，世代により異なるものの，増大していることがある。さらに，中高年の離婚の増加に現れているように，長寿命化と少子化により，夫婦二人で過ごす期間と時間の増大が，結果的に夫婦の不一致を顕在化させていることなどが挙げられよう。

　このように離婚は関係の破綻であるが，実際の離婚は，情緒的関係（親密性や愛情）の破綻により生じるというより，結婚生活の安定性，特に経済的基盤の安定が保証されないと生じやすい（林・余田，2014）。同居期間の短い若年層の離婚がその典型で，逆に，経済的基盤が保証されていれば，「個人としての関係」の切り離しや（池田ら，2005），配偶者との関係を機能的関係と位置づけ，関係性そのものを諦めて結婚生活を継続する（伊藤・相良，2015）という方途がとられる。実際，中高年期の女性では，4人に1人が離婚を選択肢の1つと考えている（伊藤・相良，2010）ことからもうかがえる。

　一方，離婚の7割は妻からの申し立てといわれるが，理由として「性格の不一致」「夫からの暴力」「生活費を渡さない」の他に「異性関係」がある。夫側でも「性格の不一致」に次いで「異性関係」が第二位にあがる。この異性関係を婚外交渉という点からみていくと，男女の違いが際立ってくる。Web調査

によれば（二松，2009），夫の34.6％，妻の6.0％に浮気の経験があるといい，また，中高年の男性では，離婚は望まないが異性交際には惹かれるという（日本性科学会セクシュアリティ研究会，2002）。不倫願望をもつ人の多さからも，婚外交渉という現象は「避けがたく起こりやすい身近な問題」（布柴，2014）だといえる。しかし，婚外交渉はセックスの問題というより夫婦の親密性を問われることになり（野末，2008），親密性の揺らぎが，結果として婚外交渉や異性関係に発展し，離婚を招く事態になることもある。

[3] **個人化・個別化**

　長寿命化と少子化によって夫婦二人で過ごす期間が長くなったが，わが国では夫婦の伴侶性（companionship）が培われないまま夫の退職期を迎えることになり，子育て後の中高年期をどう過ごすかが問題になっている。これに対し夫婦関係の規範意識（夫婦は一緒に住むべき，一緒に行動すべき）は男性の方が強く，しかも性別役割分業意識が強いほどこの傾向がみられるという（松田・玉里・杉井，2000）。一方，女性は中年期以降，個人化（個別化）志向が強まることが多く報告されている（伊藤・相良，2010；長津，2007；岡村，2001など）。磯田（2000）は，個人化は配偶者との関係が不十分なものであるために取られた戦略的適応のパターンである場合と，それとは対照的に，夫婦が互いの個としてのあり方を尊重し合えるからこそみられる場合があるという。なお，ここでいう個人化とは，「生活編成の中心を個人価値の実現におく傾向」（長津，2007）であり，個人化の結果として生じる最少単位の行動様式の変化，例えば，家族や夫婦一緒に行われていた行動が個別に行われるようになることを個別化という（長津，2007）。

　では，夫婦関係と個人化（個別化）とはどのような関係にあるのだろうか。中高年期夫婦を対象にした伊藤・相良（2010）によれば，夫婦の就寝形態，離婚の意思，関係満足度のいずれとも個別化志向と強く関係し，個別化志向は夫婦関係の非良好さと結びつき，とりわけ妻においてその関連は強かった。個別化志向は，結婚生活を維持しつつ，摩擦や無用な争いを避ける防衛的な意味合いが強く，磯田（2000）のいう適応戦略にあたる。一方で，夫婦関係を良好に保ちつつ相互に独立を尊重するというもう1つの夫婦のあり方は，わが国では

みられないのだろうか。
　この点に関して伊藤・相良（2013）は，個別化志向と愛情の2軸からみた夫婦関係について検討している。愛情・個別化ともに高い自立型，愛情は高く個別化は低い共同型，愛情・個別化ともに低い規範型，愛情は低く個別化は高い脱結婚型の4型である。その結果，自立型と共同型は個別性の違いで分けられても愛情が高いという点で共通しており，関係満足度はもちろん，共同活動においてさえ両型の違いはほとんどみられなかった。一方，規範型と脱結婚型は，愛情が低いという点では共通しているが，この2型は異なっていた。これまで伝統的にとられてきた「夫婦の一体化」が図れる場合はまだ夫婦機能を保ちうるが，愛情が薄くかつ個別化志向が高いと，特に女性の場合，関係満足度が低く，離婚願望が高かった。また，愛情の薄い規範型・脱結婚型とも，女性では精神的健康はもちろん，身体的健康も愛情のある自立型や共同型より低く，夫婦関係における親密性の有無は特に女性において影響が大きいといえよう。個別化志向の高さだけでみると，自立型・脱結婚型ともに夫婦関係の非良好性と結びつくが（伊藤・相良，2010），愛情の有無を重ねることによって，磯田（2000）のいう「互いの個としてのあり方を尊重する」夫婦の存在が浮かび上がってくるだろう。

［4］退職後の夫婦関係

　日本の多くの中高年期夫婦では，夫がおもに生計を，妻が家事・育児を担うという性別役割分業がとられてきた。夫が定年退職するということは，退職する個人にとってみれば大きなイベントで，「定年退職と適応」というテーマでもっぱら個人に焦点を当て研究されてきた（中里・下仲・河合・石原・権藤・稲垣，2000；岡本，2002；長田・安藤，1998など）。しかし，夫の定年は，妻にとって夫婦関係の危機をもたらすと自覚されている場合が多い（岡村，2006）。夫の在宅は，夫との関係性をつくり得なかった妻たちが，中年期以降，個人化・個別化を強めていくことと，現実生活で矛盾を生じさせることになるからである。
　一般に，夫の家庭関与は妻の結婚満足度を高め（伊藤ら，2006c），また，夫婦のコミュニケーション（伊藤・相良・池田，2007）や共同活動（菅原・

詫摩，1997）の増大は夫婦双方の結婚満足度を高めるとされる。一方，高齢期の結婚満足度を規定する要因は必ずしもそれまでの時期と同じとは限らない。夫の定年退職後，あるいはそれに続く高齢期には，夫の家事参加が増大することが報告されているが（岩井，2004；松田，2004），家事参加以外の夫婦の相互行動が結婚満足度にどうつながるかは不明である。一方，結婚満足度が精神的健康に及ぼす影響ではライフステージによる違いがみられ，中年期より子育て期で，また，夫より妻で影響が大きいことが明らかにされている（伊藤・相良・池田，2004；伊藤・相良・池田，2006a；伊藤・相良・池田，2006b；伊藤ら，2006c）。

夫の定年退職を境とした現役世代と退職世代の夫婦関係を横断的に比較した伊藤・相良（2012a）によれば，退職世代は現役世代に比べ，夫婦の会話時間や共同活動が増え，夫の家事分担も増え，このことが妻はもちろん夫においても関係満足度を増大させるが，関係満足度が精神的健康に影響するのは妻だけで，夫の場合，全く影響を受けない。退職後の夫の精神的健康を左右しているのは身体的健康と収入満足度だけだった（図10-2，図10-3）。

退職後の男性の家庭関与のあり方の象徴として家事参加がいわれるが，家事参加そのものは増大しても，それによって男性の結婚満足度は変わらないか（伊

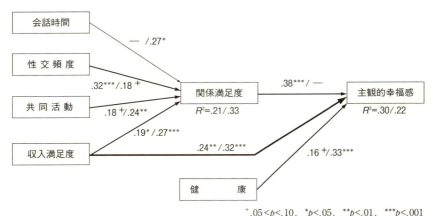

$^+.05<p<.10,\ ^*p<.05,\ ^{**}p<.01,\ ^{***}p<.001$

図10-2　夫の関係満足度，主観的幸福感を目的変数とする夫の定年前後での重回帰分析結果
（伊藤・相良（2012a）をもとに作成）
注）数値はすべて夫の定年前／定年後の順，図中の数値は標準偏回帰係数

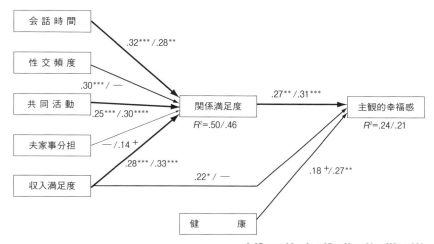

図10-3　妻の関係満足度，主観的幸福感を目的変数とする夫の定年前後での重回帰分析結果
　　　（伊藤・相良（2012a）をもとに作成）
注）数値はすべて夫の定年前／定年後の順．図中の数値は標準偏回帰係数

藤・相良，2012a），むしろ低下する（木下，2004）。しかし，妻にとって家事量そのものは変わらなくても，夫の参加しようとする姿勢によって満足度は増大した（伊藤・下仲・相良，2009）。一方，高齢期の夫婦を関係性ステイタスという点から明らかにした宇都宮（2014）によれば，女性に比べ男性では，人格的関係性型（人格的次元からの意味づけを行って，積極的に関与している）および表面的関係性型（人格的次元からの模索はなく，結婚生活の継続による機能的な利点に焦点化）が多く，高齢男性の多くが結婚生活を肯定的にとらえているという。これに対して女性では，両型が多いのは確かだが，本人にとって不本意な関係性が男性の3倍に上っていた。

「妻の結婚・夫の結婚」（伊藤，2008）といわれるように，性別役割分業の根強いわが国では，結婚生活で果たす役割とそれに付与する意味が夫婦で異なってきた。夫の定年退職が，自由な時間の増大によって夫婦の親密性を増す方向で働くのか，潜在していた危機を顕在化させる方向に働くのか，個々の夫婦のあり方と同時に世代性の問題も大きいといえよう。

3. 夫婦関係研究の課題と展望

　わが国における夫婦関係の研究は，四半世紀にも満たないほど歴史は浅く，臨床分野を除けばまだ緒に就いたばかりだといえる。また，夫婦が直面する問題はライフステージによって異なるため，発達段階というより，子育て期，中年期のように，ライフステージごとに扱われることが多い。新婚期の親密性が高い関係から，子育て期，中年期を経て老年期へと移行するが，この長い期間を，結婚満足度以外では同じ指標で測ることは困難である。例えば，「愛情」にしても，新婚期の熱情的な愛情と，長い夫婦生活を経た中年期・高齢期の愛情とは質的に異なると考えられるため，調査内容もおのずと異なってくるだろう。恋愛尺度をもとに作成された愛情尺度によって，「中年期以降著しく低下する」と論じてもあまり意味はない。そのためには第一に，新婚期から妊娠・子育て期，子育て期から中年期，中年期から高齢期というように，時期を重ねながらみていく方法がある。

　第二に，上記では横断研究を前提に論じたが，縦断研究の必要性は論をまたない。しかし，夫婦関係（広くは家庭・家族生活）は社会状況の変化を多く受けるので，長期縦断研究には適さない。第一子出産の前後や定年退職前後というように，あるライフイベントの前後で夫婦関係にどのような変化がみられたかなど短期縦断研究では，そのイベントが夫婦関係に及ぼす影響が査定できるメリットがある。また，菅原ら（小田切・菅原・北村・菅原・小泉・八木下，2003；菅原・八木下・詫摩・小泉・瀬地山・菅原・北村，2002など）の研究のように，10年，15年と続く中・長期縦断研究もあるが，これらは夫婦関係そのものというより，夫婦関係が子に及ぼす影響についての研究なので，先に挙げた問題はまぬがれていよう。

　第三に，Fincham & Beach（2006）も指摘するように，夫婦関係に関する研究は文化が異なればそのままでは適用しにくい。共通する部分と異なる部分を明らかにする必要があろう。特に，海外で作成された尺度をそのまま翻訳して使用することには十分慎重であらねばならない。

　最後に，夫婦関係研究の今後の展望について述べておきたい。わが国より結婚や夫婦関係の研究がはるかに進んでいるアメリカにおいてさえ，それらは関連する多くの領域の周辺において行われてきたという認識がある（Jacobson,

1990)。わが国で，結婚，夫婦，家族の領域における研究を中心的に担ってきたのは家族社会学である。しかし，そこで扱われるのは，社会変動（外的要因）が家族や夫婦にどのような影響を及ぼしたかであり，個人内や夫婦間での影響関係は扱われてこなかった。わが国における心理学領域での結婚・夫婦研究は，これまでにも述べたようにまだ緒に就いたばかりだが，心理学研究にありがちな心理変数のみにとどまることなく，これまでフェースシートとしてしか扱われてこなかった社会的要因（就業状況，収入，子どもの有無や年齢など）をきちんと変数（あるいは統制変数）として位置づけ，分析する必要がある。結婚生活や夫婦関係は，恋愛関係と異なり二人の関係からのみ成り立っているわけではなく，それらを親密性や愛情という情緒的視点からのみ切り取らないように気を付けなければならない。

■ 引用文献

Adams, J. M., & Jones, W. (1997) The conceptualization of marital commitment: An integrative analysis. *Journal of Personality and Social Psychology*, **72**, 1177-1196.

Allen, N. J., & Meyer, J. P. (1990) The measurement and antecedent of affective, continuance, and normative commitment. *Journal of Occupational Psychology*, **63**, 1-18.

Belle, D. (1982) The stress of caring: Women as providers of social support. In L. Goldberger & S. Breznitz (Eds.), *Handbook of stress* (pp.496-505). New York: The Free Press.

Belsky, J., & Kelly, J. (1995) 子供をもつと夫婦に何が起こるか（安次嶺佳子訳）　草思社（Belsky, J., & Kelly, J. (1994) *The transition to parenthood.* New York: Bantam Doubleday Dell Publishing Group.）

Bradbury, T. N., & Fincham, F. D., & Beach, S. R. (2000) Research on the nature and determinants of marital satisfaction: A decade in review. *Journal of Marriage and the Family*, **62**, 964-980.

Erikson, E. H. (1977・1980) 幼児期と社会 1，2（仁科弥生訳）　みすず書房（Erikson, E. H. (1950) *Childhood and society.* New York: Norton.）

Fincham, F. D., & Beach, S. R. H. (2006) Relationship satisfaction. In A. L. Vangelisti, & D. Perlman (Eds.), *The Cambridge handbook of personal relationships* (pp.579-594). New York: Cambridge University Press.

Gottman, J., & Silver, N. (2007) 結婚生活を成功させる七つの原則（松浦秀明訳）　第

三文明社 (Gottman, J., & Silver, N. (1999) *The seven principles for making marriage work*. New York: Brockman.)
林 雄亮・余田翔平 (2014) 離婚行動と社会階層との関係に関する実証的研究 家計経済研究, **101**, 51-62.
Holloway, S. D. (2014) 少子化時代の「良妻賢母」(高橋 登・清水民子・瓜生淑子訳) 新曜社 (Holloway, S. D. (2010) *Women and family in contemporary Japan*. England: Cambridge University Press.)
池田政子・伊藤裕子・相良順子 (2005) 夫婦関係満足度にみるジェンダー差の分析：関係は、なぜ維持されるか 家族心理学研究, **19**, 116-127.
稲葉昭英 (2004) 夫婦関係の発達的変化 渡辺秀樹・稲葉昭英・嶋崎尚子 (編) 現代家族の構造と変容 東京大学出版会 pp.261-276.
磯田朋子 (2000) 私事化・個別化の中での夫婦関係 善積京子 (編) 結婚とパートナー関係：問い直される夫婦 ミネルヴァ書房 pp.147-167.
伊藤裕子 (2008) 夫婦関係における男性 柏木惠子・高橋惠子 (編) 日本の男性の心理学：もう一つのジェンダー問題 有斐閣 pp.97-119.
伊藤裕子・池田政子・相良順子 (2003) 職業生活と家庭生活が夫婦の心理的健康に及ぼす影響：ジェンダーギャップの視点から 平成13～14年度科学研究費補助金研究成果報告書 (研究代表者：伊藤裕子, 課題番号13837026)
伊藤裕子・池田政子・相良順子 (2014) 夫婦関係と心理的健康：子育て期から高齢期まで ナカニシヤ出版
伊藤裕子・相良順子 (2010) 中年期から高齢期における夫婦の役割意識：個別化の視点から 文京学院大学人間学部研究紀要, **12**, 163-176.
伊藤裕子・相良順子 (2012a) 定年後の夫婦関係と心理的健康との関連：現役世代との比較から 家族心理学研究, **26**, 1-12.
伊藤裕子・相良順子 (2012b) 愛情尺度の作成と信頼性・妥当性の検討：中高年期夫婦を対象に 心理学研究, **83**, 211-216.
伊藤裕子・相良順子 (2013) 夫婦の愛情と個別化志向からみた夫婦関係：中高年期夫婦を対象に 文京学院大学人間学部研究紀要, **14**, 1-13.
伊藤裕子・相良順子 (2015) 結婚コミットメント尺度の作成：中高年期夫婦を対象に 心理学研究, **86**, 42-48.
伊藤裕子・相良順子・池田政子 (2004) 既婚者の心理的健康に及ぼす結婚生活と職業生活の影響 心理学研究, **75**, 435-441.
伊藤裕子・相良順子・池田政子 (2006a) 夫婦のコミュニケーションと関係満足度、心理的健康の関連 聖徳大学家族問題相談センター紀要, **4**, 51-61.
伊藤裕子・相良順子・池田政子 (2006b) 職業生活が中年期夫婦の関係満足度と主観的幸福感に及ぼす影響：妻の就業形態別にみたクロスオーバーの検討 発達心理学研究, **17**, 62-72.
伊藤裕子・相良順子・池田政子 (2006c) 多重役割に従事する子育て期夫婦の関係満足度と心理的健康：妻の就業形態による比較 聖徳大学研究紀要, **17**, 33-40.
伊藤裕子・相良順子・池田政子 (2007) 夫婦のコミュニケーションが関係満足度に及

ぼす影響：自己開示を中心に　文京学院大学人間学部研究紀要，9，1-15．
伊藤裕子・下仲順子・相良順子（2009）中高年期における夫婦の関係と心理的健康：世代比較を中心に　文京学院大学総合研究所紀要，10，191-204．
岩井紀子（2004）高齢期の夫婦における夫の家事参加　渡辺秀樹・稲葉昭英・嶋崎尚子（編）　現代家族の構造と変容　東京大学出版会　pp.293-309．
Jacobson, N. S. (1990) Commentary: Contributions from psychology to an understanding of marriage. In F. D. Fincham & T. N. Bradbury (Eds.), *The psychology of marriage* (pp.258-275). New York: Guilford Press
Johnson, M. H., Caughlin, J. P., & Huston, T. L. (1999) The tripartite nature of marital commitment: Personal, moral, and structural reasons to stay married. *Journal of Marriage and the Family*, **61**, 160-177.
Josselson, R. L. (1973) Psychodynamic aspects of identity formation in college women. *Journal of Youth and Adolescence*, **2**, 3-52.
柏木惠子（編）（1998）結婚・家族の心理学　ミネルヴァ書房
柏木惠子・平山順子（2003）夫婦関係　児童心理学の進歩　2003年版　金子書房　pp.85-117．
柏木惠子・数井みゆき・大野祥子（1996）結婚・家族の変動に関する研究（１）～（３）日本発達心理学会第７回大会発表論文集，240-242．
木下栄二（2004）結婚満足度を規定するもの　渡辺秀樹・稲葉昭英・嶋崎尚子（編）現代家族の構造と変容　東京大学出版会　pp.277-291．
国立社会保障・人口問題研究所（2008）日本の世帯数の将来推計（全国推計）人口問題研究資料，318．
厚生労働省（2012）平成24年人口動態統計月報年計（概数）の概況
http://www.mhlw.go.jp/toukei/saikin/hw/jinkou/geppo/nengai12/dl/gaikyou24.pdf（2014年11月18日）
厚生労働省（2014）国民生活基礎調査の概況（平成25年）
http://www.mhlw.go.jp/tokei/saikin/hw/k-tyosa/k-tyosa13/dl/0.2pdf（2014年9月4日）
Kurdek, L. A. (1999) The nature and predictors of the trajectory of change in marital quality for husbands and wives over the first 10 years of marriage. *Developmental Psychology*, **35**, 1283-1296.
Lee, J. A. (1977) A typology of styles of loving. *Personality and Social Psychology Bulletin*, **3**, 173-182.
Lock, H. J., & Wallace, K. M. (1959) Short marital adjustment and prediction tests: Their reliability and validity. *Marriage and Family Living*, **21**, 251-255.
松田智子・玉里恵美子・杉井潤子（2000）中高年期の夫婦関係とソーシャル・ネットワーク：夫と妻のズレを中心に　生活協同組合研究，**289**，27-35．
松田茂樹（2004）男性の家事参加　渡辺秀樹・稲葉昭英・嶋崎尚子（編）　現代家族の構造と変容　東京大学出版会　pp.175-189．
長津美代子（2007）中年期における夫婦関係の研究：個人化・個別化・統合の視点から

日本評論社
中里克治・下仲順子・河合千恵子・石原　治・権藤恭之・稲垣宏樹（2000）中高年期における職業生活からの完全な引退と失業への心理的適応プロセス　老年社会科学，22，37-45．
日本性科学会セクシュアリティ研究会（2002）カラダと気持ち：ミドル・シニア版40～70代セクシュアリティ1000人調査　三五館
二松まゆみ（2009）日常生活の危ない兆し，見えない断絶全解剖　プレジデント　プレジデント社　pp.10-19．
野末武義（2008）夫婦関係の危機と援助　中釜洋子・野末武義・布柴靖枝・無藤清子（編）家族心理学：家族システムの発達と臨床的援助　有斐閣
布柴靖枝（2014）中年期の危機：婚外交渉を中心に　柏木惠子・平木典子（編）　日本の夫婦：パートナーとやっていく幸せと葛藤　金子書房　pp.39-57．
落合恵美子（1997）21世紀家族へ（新版）：家族の戦後体制の見かた・超えかた　有斐閣
小田切紀子・菅原ますみ・北村俊則・菅原健介・小泉智恵・八木下暁子（2003）夫婦間の愛情関係と夫・妻の抑うつとの関連：縦断研究の結果から　性格心理学研究，11，61-69．
岡本祐子（2002）アイデンティティ生涯発達の射程　ミネルヴァ書房
岡村清子（2001）いま団塊夫婦は：どこからどこへ　天野正子（編）団塊世代・新論：関係的自立をひらく　有信堂高文社　pp.10-30．
岡村清子（2006）定年退職と家庭生活　日本労働研究雑誌，550，67-82．
小野寺敦子（2005）親になることにともなう夫婦関係の変化　発達心理学研究，16，15-25．
小野寺敦子（2013）家族・親子に関する基礎研究と実践活動とのインターフェイス　発達心理学研究，24，474-483．
Orlofsky, J. L., Marcia, J. E., & Lesser, I. M. (1973) Ego identity status and intimacy versus isolation crisis of young adulthood. *Journal of Personality and Social Psychology*, **27**, 211-219.
長田久雄・安藤孝俊（1998）定年退職が精神的健康と主観的幸福感に及ぼす影響　産業ストレス研究，5，106-111．
Proulx, C., Helms, H. M., & Buehler, C. (2007) Marital quality and personal well-being: A meta-analysis. *Journal of Marriage and Family*, **69**, 576-593.
Rubin, Z. (1970) Measurement of romantic love. *Journal of Personality and Social Psychology*, **16**, 265-273.
Rusbult, C. E., & Buunk, B. P. (1993) Commitment process in close relationships: An interdependence analysis. *Journal of Social and Personal Relationships*, **10**, 175-204.
Spanier, G. B. (1976) Measuring dyadic adjustment: New scales for assessing the quality of marriage and similar dyads. *Journal of Marriage and the Family*, **38**, 15-28.

Spanier, G. B., & Lewis, R. A. (1980) Marital quality: A review of the seventies. *Journal of Marriage and the Family*, **42**, 825-839.

菅原ますみ・詫摩紀子（1997）夫婦間の親密性の評価：自記入式夫婦関係尺度について　精神科診断学，**8**，155-166.

菅原ますみ・八木下暁子・詫摩紀子・小泉智恵・瀬地山葉夫・菅原健介・北村俊則（2002）夫婦関係と児童期の子どもの抑うつ傾向との関連　教育心理学研究，**50**，129-140.

宇都宮　博（1999）夫婦関係の生涯発達：成人期を配偶者とともに生きる意味　岡本祐子（編）　女性の生涯発達とアイデンティティ：個としての発達・かかわりの中での成熟　北大路書房　pp.179-208.

宇都宮　博（2005）結婚生活の質が中高年者のアイデンティティに及ぼす影響：夫婦間のズレと相互性に着目して　家族心理学研究，**19**，47-58.

宇都宮　博（2014）高齢者の結婚生活の質と心理的適応および余暇活動：関係性ステイタスの観点から　高齢者のケアと行動科学，**19**，45-62.

Van Laningham, J., Johnson, D. R., & Amato, P. (2001) Marital happiness, marital duration and the U-shaped curve: Evidence from a five-year panel study. *Social Forces*, **79**, 1313-1341.

山口一男（2009）ワークライフバランス：実証と政策提言　日本経済新聞出版社

論文掲載誌一覧

本論は，以下の論文をもとに加筆・修正したものである。

第1章　結婚コミットメント尺度の作成：中高年期夫婦を対象に
　1節　結婚コミットメント尺度の作成
　　　　伊藤裕子・相良順子（2015）結婚コミットメント尺度の作成：中高年期夫婦を対象に　心理学研究，86，42-48．
　2節　結婚コミットメントと配偶者との関係性
　　　　伊藤裕子・相良順子（2017）中高年期の結婚コミットメントと配偶者との関係性：結婚コミットメント尺度の検討　日本心理学会第81回大会発表

第2章　中高年期夫婦における結婚コミットメントと精神的健康におけるジェンダー差
　　　　伊藤裕子・加曽利岳美・相良順子（2015）中高年期夫婦における結婚コミットメントと適応　文京学院大学総合研究所紀要，15，107-118．

第3章　結婚コミットメントからみた中高年期の夫婦関係
　　　　伊藤裕子・相良順子（2017）結婚コミットメントからみた中高年期の夫婦関係　文京学院大学人間学部研究紀要，18，1-8．

第4章　子育て期の子どもをもつ夫婦の結婚コミットメント：子の存在は離婚を思い止まらせるか
　　　　伊藤裕子・相良順子（2017）児童期の子どもをもつ夫婦の結婚コミットメント：子の存在は離婚を思い止まらせるか　家族心理学研究，

30, 101-112.

第5章 子育て期と中高年期の結婚コミットメント
1節 子育て期の結婚コミットメントと夫婦関係：意見の一致を中心に
伊藤裕子・相良順子（2017）子育て期の結婚コミットメントと夫婦関係：意見の一致を中心に　日本発達心理学会第28回大会，491．
2節 子育て期と中高年期の結婚コミットメント
Ito, Y. & Sagara, J. (2016) Marital commitment between couples in child-rearing period and in middle-aged and elderly period. International Congress of Psychology 31st（Yokohama, Japan）

第6章 中高年期におけるジェネラティヴィティの構造とジェンダー差
1節 中年期におけるジェネラティヴィティの構造とジェンダー差
相良順子・伊藤裕子（2017）中年期におけるジェネラティビティの構造とジェンダー差　パーソナリティ研究，26，92-94．
2節 ジェネラティヴィティの年代差とジェンダー差
相良順子・伊藤裕子（2016）Generativityの年代差と男女差　日本発達心理学会第27回大会，347．
3節 中年期女性のジェネラティヴィティと達成動機：就業形態による差異
相良順子・伊藤裕子（2018）中年期女性のジェネラティビティと達成動機：就業形態による差異　聖徳大学生涯学習研究所紀要，16，1-4．

第7章 中年期の結婚コミットメントがジェネラティヴィティと主観的幸福感に及ぼす影響
伊藤裕子・相良順子（2017）中年期の結婚コミットメントがジェネラティビティと主観的幸福感に及ぼす影響：ジェンダー差を中心に　パーソナリティ研究，26，121-128．

第8章　中高年期の夫婦関係における低勢力認知
　1節　低勢力認知尺度の作成とジェンダー差および世代差
　　　相良順子・伊藤裕子（2010）中高年期の夫婦関係における低勢力認知　日本心理学会第74回大会，1323．
　2節　中高年期の夫婦における低勢力認知と離婚願望：ペアデータの分析から
　　　相良順子・伊藤裕子（2017）中高年期の夫婦における低勢力認知と離婚願望：ペアデータの分析から　日本発達心理学会第28回大会，490．

第9章　中高年期の夫婦関係と精神的健康指標のジェンダー差
　　　伊藤裕子・相良順子（2014）夫婦関係における精神的健康指標のジェンダー差　心理学研究，**84**，612-617．

第10章　夫婦関係における親密性の様相
　　　伊藤裕子・相良順子（2015）夫婦関係における親密性の様相　発達心理学研究，**26**，279-287．

付　録

（2008年調査）夫婦の関係と生活意識に関する調査

問1　以下の事柄について，あなたの考えに最も近い数字に○を付けて下さい。

	そう思う	まあそう思う	あまりそう思わない	そう思わない
1．子どもが就職し結婚するまでは，親としての務めは終わらない	4	3	2	1
2．自分が年老いたときは，配偶者が世話（介護）してくれることを期待している	4	3	2	1
3．夫の評価は，収入の多寡によって決まる	4	3	2	1
4．退職後はそれぞれの生活ペースがあるのだから，昼食は各自で取るのがよい	4	3	2	1
5．仕事役割・親役割を終えた後は，互いに役割に縛られない生き方をしたい	4	3	2	1
6．配偶者と通じ合うものがなくても，残された人生を考えると結婚生活を続けることになるだろう	4	3	2	1
7．夫の体調や健康を気づかうのは妻の務めである	4	3	2	1
8．親役割を終えた後は，互いの行動を拘束しない方が良い	4	3	2	1
9．年金の事を考えると愛情がなくても離婚することは得策でない	4	3	2	1
10．家族を養うことこそ夫の務めである	4	3	2	1
11．たとえ不在がちでも，子どもにとって父親は必要な存在である	4	3	2	1
12．配偶者に介護が必要になったときは，（外部に頼らず）できるだけ自分で面倒をみようと思う	4	3	2	1
13．たとえ年を取っても，子どもが頼ってきたときはそれに応えてやるのが親の務めだ	4	3	2	1
14．退職後は，夫はできるだけ家事をするのがよい	4	3	2	1
15．愛情がなくなっても子どもが未成年のうちは離婚すべきでない	4	3	2	1
16．退職して夫が家にいても，妻はその動向に縛られる必要はない	4	3	2	1
17．子育て中は自分のやりたいことを多少我慢しても，母親であることが優先される	4	3	2	1
18．退職して稼ぎ手役割でなくなったら，夫としての価値が下がるのはやむを得ない	4	3	2	1

19. 子どもが独立しても,親として果たすべき役割は依然続く	4	3	2	1
20. 年取って一人でいることの不便を考えれば,夫婦間で多少のことは我慢しようと思う	4	3	2	1
21. 退職後,それぞれやりたいことが違うときは,別々に住むこともあり得るだろう	4	3	2	1
22. たとえ年を取っても,愛情のない関係なら継続すべきではない	4	3	2	1

【配偶者のいない方は問12に飛んで下さい】

問2　あなたと配偶者の関係について,当てはまる数字に○を付けて下さい。

	いつもそうだ	たいていそうだ	たいていそうではない	いつもそうではない
1. 配偶者はどんなときでも私の味方でいてくれる	4	3	2	1
2. 嫌なことがあったり落ち込んでいるとき,配偶者は暖かく励ましてくれる	4	3	2	1
3. 配偶者のためならできるだけのことをしてあげたい	4	3	2	1
4. その日の出来事や嬉しかったことは真っ先に配偶者に話す	4	3	2	1
5. 配偶者は私を理解してくれている	4	3	2	1
6. 私は配偶者の気持ちをできるだけわかろうと努める	4	3	2	1
7. 配偶者は言葉に出さなくても私の気持ちを察してくれる	4	3	2	1
8. 悩み事や相談があるとき,配偶者は親身になって一緒に考えてくれる	4	3	2	1
9. 元気がないとき,配偶者はそれとなく気づかってくれる	4	3	2	1
10. 配偶者といると安心していられる	4	3	2	1
11. 私が不満をぶつけても,配偶者は黙って聞いてくれる	4	3	2	1
12. 配偶者がもしいなくなったら,私は途方に暮れるだろう	4	3	2	1
13. 物事がうまく行かないとき,配偶者はアドバイスをくれたり見守っていてくれる	4	3	2	1
14. 配偶者は私の体調や健康を気づかってくれる	4	3	2	1
15. 自分は配偶者から信頼されている	4	3	2	1
16. 私は配偶者を一人の人間として尊敬している	4	3	2	1
17. 誕生日や結婚記念日には,配偶者はプレゼントやお祝いをしてくれる	4	3	2	1
18. 夫婦の意見が対立し口論になると,最後は自分が折れる	4	3	2	1
19. 一度決めたことをこちらの都合で変えなければならないとき,配偶者は快い返事をしない	4	3	2	1

20. 高額の買い物（10万円以上）をするときでも，配偶者は自分の一存で決める	4	3	2	1
21. 大事なことを決めるときは最終的に配偶者の意見が優先される	4	3	2	1
22. 何かの都合で約束が果たせなかったとき，配偶者は強い非難の言葉を浴びせる	4	3	2	1
23. たとえ本人のミスでも配偶者はなかなか非を認めようとしない	4	3	2	1
24. 配偶者は何かにつけて自分の都合を優先させる	4	3	2	1
25. 気まずい関係がしばらく続くと，折れて口をきくのはたいてい自分の方である	4	3	2	1
26. 何か用事をしていても配偶者は自分の都合を優先するよう言う	4	3	2	1
27. 喧嘩のあと，謝るのはたいてい自分の方だ	4	3	2	1

問3　ご夫婦の関係について，現在の満足度を10点満点で評価して下さい。

まったく　　　　　　　　　　　　　　　　　　　　　　　　　たいへん
満足していない　1　2　3　4　5　6　7　8　9　10　満足している

問4　あなたと配偶者は，以下の家事をどのくらいの頻度で行っていますか。

	〈あなた〉						〈配偶者〉					
	ほぼ毎日	週4〜5回	週2〜3回	週1回	たまに	ほとんどしない	ほぼ毎日	週4〜5回	週2〜3回	週1回	たまに	ほとんどしない
1．食事作り	1	2	3	4	5	6	1	2	3	4	5	6
2．食事の片付け・洗い	1	2	3	4	5	6	1	2	3	4	5	6
3．洗濯（干す・収納を含む）	1	2	3	4	5	6	1	2	3	4	5	6
4．掃除	1	2	3	4	5	6	1	2	3	4	5	6

問5　あなたと配偶者は，家事をどのような割合でしていますか。全体を10として0〜10の数字でお答え下さい。

　　　あなた　：　配偶者　→（　　　）：（　　　）

問6　あなたが普段配偶者と話をする時間はどのくらいありますか。1日あたりの平均時間であてはまるもの1つに○をつけて下さい。

　　　1　ほとんどない　　　　2　1日30分以下　　　3　1日30分〜1時間くらい
　　　4　1日1〜2時間くらい　　5　1日2時間以上

問7　あなたは以下のことについて，普段，配偶者に話したり相談したりすることがどの程度ありますか。各項目のあてはまる数字に○を付けて下さい。

	よく話す	ときどき話す	話したことがある	まず話さない	該当しない
1．最近嬉しかったこと，楽しかったこと	4	3	2	1	
2．腹が立ったり，疑問に思ったこと	4	3	2	1	
3．自分の趣味や活動に関わること	4	3	2	1	
4．たがいの健康	4	3	2	1	
5．家計のこと（収入，年金，貯蓄）	4	3	2	1	
6．家族（子どもや孫，親）のこと	4	3	2	1	0
7．仕事のこと，職場のこと	4	3	2	1	0

問8　ご夫婦の就寝形態は次のどちらですか。
　　　1　同室で寝ている　　　2　別室で寝ている

問9　現在，配偶者との性的な関係はありますか。当てはまるもの1つに○をし，（　）内には数字をご記入下さい。
　　　1　週（　〜　）回くらい　　2　月（　〜　）回くらい
　　　3　年（　〜　）回くらい　　4　ほとんどない　　　　　5　全くない

問10　以下のようなことを二人で一緒にすることがどの程度ありますか。

	よくある	時々ある	たまにある	ほとんどない
1．買い物	4	3	2	1
2．外食	4	3	2	1
3．旅行	4	3	2	1
4．趣味・活動	4	3	2	1

問11　あなたは配偶者との離婚について考えたことがありますか。
　　　1　離婚など考えたことはない　　　　2　過去に考えたことはあるが，今はない
　　　3　現在でもそういう選択肢はあり得る　　4　考えており，できれば離婚したい

※【全員がお答え下さい】
問12　あなたが現在行っている活動について，当てはまるものに○をして下さい。

	〈活動頻度〉						〈活動に対する満足度〉				
	ほとんど毎日	週2〜3回	週1回	月2〜3回	月1回	ほとんどない	とても満足	満足	やや満足	やや不満	不満
1．趣味・余暇活動（スポーツなども含む）	6	5	4	3	2	1	5	4	3	2	1
2．社会活動，地域活動	6	5	4	3	2	1	5	4	3	2	1
3．学習活動	6	5	4	3	2	1	5	4	3	2	1
4．その他（具体的に→　　　）	6	5	4	3	2	1	5	4	3	2	1

問13　あなたは家族以外の人（職場の人，友人，活動仲間など）と一緒にお茶を飲んだり，お酒や食事をすることがどのくらいありますか。
　　　1　ほとんど毎日　　2　週に2〜3回　　3　週に1回　　4　月に2〜3回
　　　5　月に1回　　6　年に数回　　7　年に1回　　8　ほとんどない・ない

問14　あなたは「男は仕事，女は家庭」という考え方に賛成ですか。あなたの考えに最も近いものに○を付けて下さい。
　　　1　賛　成　　　　　　　2　どちらかといえば賛成
　　　3　どちらかといえば反対　　4　反　対

問15　あなたは現在の仕事にどれくらい満足していますか。すでに（定年）退職した方は，退職した職場についてもお答え下さい。現在就業されていない方は，〈退職前〉についてのみお答え下さい。
　　　※現在，働いている方→　週当たりの労働時間（　　　　）時間

	〈現在の職場〉				〈退職前の職場〉			
	満足している	まあ満足している	やや不満である	不満である	満足している	まあ満足している	やや不満である	不満である
1．仕事内容	4	3	2	1	4	3	2	1
2．地　位	4	3	2	1	4	3	2	1
3．賃　金	4	3	2	1	4	3	2	1
4．人間関係	4	3	2	1	4	3	2	1
5．退職後の世話	4	3	2	1	4	3	2	1

問16 毎日の生活のなかで，あなたがどのように感じているかをうかがいます。次にかかげる質問を読んで，あなたの気持ちに最も近い答えを1つ選び，○で囲んで下さい。

1．あなたは人生が面白いと思いますか
  1 非常に   2 ある程度は
  3 あまりそうは思わない 4 全くそう思わない

2．期待どおりの生活水準や社会的地位を手に入れたと思いますか
  1 非常に   2 ある程度は
  3 あまりそうは思わない 4 全くそう思わない

3．これまでどの程度成功したり出世したと感じていますか
  1 非常に   2 まあまあ
  3 あまりうまくいっていない 4 全くうまくいっていない

4．自分がやろうとしたことはやりとげていますか
  1 ほとんどいつも   2 ときどき
  3 ほとんどできていない 4 全くできていない

5．過去と比較して，現在の生活は
  1 とても幸せ   2 まあまあ幸せ
  3 あまり幸せではない 4 全く幸せではない

6．ここ数年やってきたことを全体的に見て，あなたはどの程度幸せを感じていますか
  1 とても幸せ   2 まあまあ幸せ
  3 あまり幸せではない 4 全く幸せではない

7．ものごとが思ったように進まない場合でも，あなたはその状況に適切に対処できると思いますか
  1 だいたいできる   2 ときどきはできる
  3 ほとんどできない   4 全くできない

8．危機的な状況（人生を狂わせるようなこと）に出会ったとき，自分が勇気を持ってそれに立ち向かって解決していけるという自信がありますか
  1 非常に   2 ある程度は
  3 あまり自信はない   4 全く自信はない

9．今の調子でやっていけば，これから起きることにも対応できる自信がありますか
  1 非常に   2 ある程度は
  3 あまり自信はない   4 全く自信はない

10．自分の人生は退屈だとか面白くないと感じていますか
  1 非常に   2 ある程度は
  3 あまり感じていない 4 全く感じていない

11．将来のことが心配ですか
  1 非常に   2 ある程度は
  3 あまり感じていない 4 全く感じていない

12．自分の人生に意味がないと感じていますか
  1 非常に   2 ある程度は
  3 あまり感じていない 4 全く感じていない

問17　この1週間のあなたのからだや心の状態についてお聞きします。以下のような気分やことがらをどのくらい経験しましたか。それぞれあてはまる番号に○を付けて下さい。

	ほとんど毎日	週3〜4回	週1〜2回	全くなかった
1．ふだん何でもないことをわずらわしいと感じたこと	4	3	2	1
2．家族や友だちから励ましてもらっても気分が晴れないこと	4	3	2	1
3．憂うつだと感じたこと	4	3	2	1
4．物事に集中できなかったこと	4	3	2	1
5．食欲が落ちたこと	4	3	2	1
6．何をするのも面倒と感じたこと	4	3	2	1
7．何か恐ろしい気持ちがしたこと	4	3	2	1
8．なかなか眠れなかったこと	4	3	2	1
9．普段より口数が少なくなったこと	4	3	2	1
10．一人ぼっちで寂しいと感じたこと	4	3	2	1
11．悲しいと感じたこと	4	3	2	1
12．仕事が手につかなかったこと	4	3	2	1

問18　あなたの現在の健康状態は，次のどれに近いですか。
　　　1　良い　　　2　普通　　　3　あまり良くない　　　4　良くない

●以下についてお答え下さい。
1．あなたの性別は　　　1　男性　　　2　女性
2．あなたの年齢は　　　（　　　）歳
3．配偶者はいらっしゃいますか
　　・いる→1　同居　　2　別居
　　　結婚後，何年になりますか（　　　）年
　　・いない→3　死別　　4　離別　　5　独身

4．あなたが最後にいった学校は次のどれですか（中退も卒業と同じ扱いで）
　　1　中学校　　　　　2　高校　　　　　　3　短大・高専，専門学校
　　4　大学，大学院　　5　その他（具体的に→

5．あなたはすでに職場で定年を迎えられましたか。
　　1　まだ定年になっていない（定年前である）
　　2　定年，あるいは早期退職をした→　退職時（　　　）歳，（　　　）年前
　　3　定年という制度がない，定年とは関係がない

6．あなたは現在働いていますか。無職の方もお答え下さい。
　　1　経営者・役員　　　　2　常雇いの一般従業員　　3　派遣社員，契約社員
　　4　パート・アルバイト　5　自営業主，自由業者　　6　家族従業者
　　7　無職，専業主婦　　　8　その他（具体的に→

7．現在働いている方，その職種は次のどれですか。また，定年退職あるいは早期退職された方は，退職前の職種もお答え下さい。
　　〈現在の職業〉　　　　　　　　　　〈退職前の職業〉
　　1　専門・技術系の職業　　　　　　1　専門・技術系の職業
　　2　管理的職業　　　　　　　　　　2　管理的職業
　　3　事務・営業系の職業　　　　　　3　事務・営業系の職業
　　4　販売・サービス系の職業　　　　4　販売・サービス系の職業
　　5　技能，労務，作業系の職業　　　5　技能，労務，作業系の職業
　　6　農林漁業職　　　　　　　　　　6　農林漁業職
　　7　その他（具体的に→　　　　　　7　その他（具体的に→

8．お宅での去年1年間の家計収入は，税込みでどれに近いでしょうか。臨時収入，副収入，年金，公的扶助なども含めてお答え下さい。
　　1　100万円未満　　　2　100～199万円台　　3　200～399万円台
　　4　400～599万円台　 5　600～799万円台　　6　800～999万円台
　　7　1000～1299万円台 8　1300万円以上

9．あなたは，8．で回答した収入（家族全体として）に満足していますか。
　　1　満　足　　2　まあ満足　　3　どちらともいえない
　　4　やや不満　5　とても不満

10．【定年退職前の方にお尋ねします】あなたは，退職後の年金や副収入などの収入面で不安がありますか。
　　1　とても不安　　2　やや不安　　3　どちらともいえない
　　4　あまりない　　5　全くない

11．現在一緒に住んでいる方を，次の中から全てあげて下さい。
　　1　配偶者　　　　2　未婚の子ども　　3　子どもとその配偶者（子）
　　4　自分の親　　　4　配偶者の親　　　5　その他の親族

12．現在，あなたご自身あるいは配偶者が介護・看護している方がご家族（同居・別居を問わず）にいますか。
　　1　いる→13．へ　　　2　いない→これで質問は終わりです

13. 介護・看護を必要としている方は誰ですか。そのとき，中心になって関わっている方は誰ですか。
　　・介護・看護の相手　　　1　配偶者　　2　自分の親　　3　配偶者の親　　4　両方の親
　　　　　　　　　　　　　　5　その他（具体的に→
　　・中心になって関わっている人　　1　自分　　2　配偶者　　3　両方
　　　　　　　　　　　　　　　　　　4　その他（具体的に→

●以上で質問は終わりです。長時間ご協力ありがとうございました。

（2013・2014年調査）夫婦の関係と生活意識に関する調査

問1　以下の事柄について，あなたに最も当てはまると思う数字に○を付けてください。

	とても当てはまる	やや当てはまる	どちらともいえない	あまり当てはまらない	全く当てはまらない
1. 私はこれまで，いろいろな人や活動を支えてきた	5	4	3	2	1
2. 何かに向かって前進していると感じる	5	4	3	2	1
3. 私が死んでも，人は私のことを覚えていてくれるだろう	5	4	3	2	1
4. 人に教えてあげたいような経験やコツがある	5	4	3	2	1
5. 私が人のためにしてきたことは，後世にも残ると思う	5	4	3	2	1
6. 前向きで計画的な人だといわれている	5	4	3	2	1
7. 困っている人に手を差し伸べるのは，自分のつとめだと思う	5	4	3	2	1
8. 世の中のために，自分にしかできないことをしてきた	5	4	3	2	1
9. 人に助言を求められる	5	4	3	2	1
10. 無償のボランティアはしない	5	4	3	2	1
11. たくさんの人に影響を与えていると感じる	5	4	3	2	1
12. 人に教えたいという欲求がある	5	4	3	2	1
13. 自分は，人に対する影響力はない	5	4	3	2	1
14. 私にも，地球をよくする責任がある	5	4	3	2	1
15. 他人が真似をしたくなるようなものをつくったことがある	5	4	3	2	1
16. 自分の経験や知識を人に伝えるようにしている	5	4	3	2	1
17. 無理のない範囲で，募金をしたい	5	4	3	2	1
18. 私は，後世に残るようなことは何もしていないと思う	5	4	3	2	1
19. 人のためになるようなことは何もしていないと思う	5	4	3	2	1
20. 私は，人に必要とされているとは感じない	5	4	3	2	1
21. いつも何か目標をもっていたい	5	4	3	2	1
22. 決められた仕事のなかでも個性を生かしてやりたい	5	4	3	2	1
23. ちょっとした工夫をすることが好きだ	5	4	3	2	1
24. 人に勝つことより，自分なりに一生懸命やることが大事だと思う	5	4	3	2	1
25. みんなに喜んでもらえる素晴らしいことをしたい	5	4	3	2	1
26. 何でも手がけたことには最善を尽くしたい	5	4	3	2	1
27. 何か小さなことでも自分にしかできないことをしてみたいと思う	5	4	3	2	1
28. 結果は気にしないで何かを一生懸命やってみたい	5	4	3	2	1

29. いろいろなことを学んで自分を深めたい	5	4	3	2	1
30. 今日一日何をしようかと考えることは楽しい	5	4	3	2	1
31. 難しいことでも自分なりに努力してやってみようと思う	5	4	3	2	1
32. こういうことがしたいなあと考えるとわくわくする	5	4	3	2	1

【配偶者のいない方は問10に飛んで下さい】

問2　あなたが結婚生活を継続している理由は何ですか。最も当てはまる数字に○を付けて下さい。

	とてもはまる当て	やや当てはまる	どちらともいえない	あまり当てはまらない	全く当てはまらない
1. 配偶者は私にとってかけがえのない存在だから	5	4	3	2	1
2. 一人では寂しいから	5	4	3	2	1
3. 離婚は恥ずべきことと考えているから	5	4	3	2	1
4. 配偶者との関係は，私の人生のなかで重要なものだから	5	4	3	2	1
5. いまさら別の人とやり直すのは面倒だから	5	4	3	2	1
6. 離婚しても，幸福が約束されているわけではないから	5	4	3	2	1
7. 離婚するようなことになったら，家族が反対すると思うから	5	4	3	2	1
8. 離婚に至る過程とその手続きが面倒だから	5	4	3	2	1
9. 結婚した以上，最後まで相手に責任をもつのは当然だから	5	4	3	2	1
10. 何かにつけて配偶者がいると便利だから	5	4	3	2	1
11. 別れると相手がかわいそうだから	5	4	3	2	1
12. 離婚することなど，人生の選択肢として考えたことがないから	5	4	3	2	1
13. 離婚することで，子どもに辛い思いをさせたくないから	5	4	3	2	1
14. 離婚することは道徳的に間違っているから	5	4	3	2	1
15. 普段，配偶者がいることで安心して暮らしていけるから	5	4	3	2	1
16. 離婚することで社会的な信用を失いたくないから	5	4	3	2	1
17. 多少の問題はあっても，結婚は続けるものだと思うから	5	4	3	2	1
18. これまでに費やした時間やお金を無駄にしたくないから	5	4	3	2	1
19. 誰と結婚しても，結婚生活など似たり寄ったりだから	5	4	3	2	1
20. 配偶者は，これまでの家族の歴史（思い出）を共有できる相手だから	5	4	3	2	1
21. 配偶者は私のことを一番わかってくれる人だから	5	4	3	2	1
22. 結婚生活を継続させるために多くのものを犠牲にしてきたから	5	4	3	2	1

23. 配偶者がいないと経済的に成り立たないから	5	4	3	2	1
24. たとえ離婚を求めても，相手が承諾してくれないから	5	4	3	2	1
25. 結婚していることにこそ価値があると思うから	5	4	3	2	1
26. 配偶者のことを誰よりも信頼しているから	5	4	3	2	1
27. 配偶者は私の欠点も含めて受け入れてくれる人だから	5	4	3	2	1
28. もし私が配偶者のもとを去ったなら，後悔が残ると思うから	5	4	3	2	1
29. 分かり合えなくても"夫婦とはしょせんこんなもの"と思うから	5	4	3	2	1
30. 離婚することで，互いに傷つけ合いたくないから	5	4	3	2	1
31. 配偶者がいないと老後が何かと不便だから	5	4	3	2	1
32. 一度決めたことだから，最後まで関わり続けようと思うから	5	4	3	2	1
33. 配偶者のことを心の支えにしているから	5	4	3	2	1

問3　あなたと配偶者の関係について，当てはまる数字に○を付けて下さい。

	いつもそうだ	だいたいそう	たいていそうではない	いつもそうではない
1. 配偶者はどんなときでも私の味方でいてくれる	4	3	2	1
2. 嫌なことがあったり落ち込んでいるとき，配偶者は温かく励してくれる	4	3	2	1
3. 配偶者のためならできるだけのことをしてあげたい	4	3	2	1
4. その日の出来事や嬉しかったことは真っ先に配偶者に話す	4	3	2	1
5. 配偶者は私を理解してくれている	4	3	2	1
6. 私は配偶者の気持ちをできるだけわかろうと努める	4	3	2	1
7. 配偶者は言葉に出さなくても私の気持ちを察してくれる	4	3	2	1
8. 悩み事や相談があるとき，配偶者は親身になって一緒に考えてくれる	4	3	2	1
9. 元気がないとき，配偶者はそれとなく気づかってくれる	4	3	2	1
10. 配偶者といると安心していられる	4	3	2	1
11. 私が不満をぶつけても，配偶者は黙って聞いてくれる	4	3	2	1
12. 配偶者がもしいなくなったら，私は途方に暮れるだろう	4	3	2	1
13. 物事がうまく行かないとき，配偶者はアドバイスをくれたり見守っていてくれる	4	3	2	1
14. 配偶者は私の体調や健康を気づかってくれる	4	3	2	1
15. 自分は配偶者から信頼されている	4	3	2	1
16. 私は配偶者を一人の人間として尊敬している	4	3	2	1

17. 一度決めたことをこちらの都合で変えなければならないとき，配偶者は快い返事をしない	4	3	2	1
18. 大事なことを決めるときは最終的に配偶者の意見が優先される	4	3	2	1
19. 何かの都合で約束が果たせなかったとき，配偶者は強い非難の言葉を浴びせる	4	3	2	1
20. たとえ本人のミスでも配偶者はなかなか非を認めようとしない	4	3	2	1
21. 配偶者は何かにつけて自分の都合を優先させる	4	3	2	1
22. 何か用事をしていても配偶者は自分の都合を優先するよう言う	4	3	2	1

問4　あなたが普段，配偶者と話をする時間はどのくらいありますか。1日あたりの平均時間で当てはまるもの1つに○をつけて下さい。
　　1．ほとんどない　　　　2．1日30分以下　　　3．1日30分～1時間くらい
　　4．1日1～2時間くらい　　5．1日2時間以上

問5　ご夫婦の就寝形態は次のどちらですか。
　　1．同室で寝ている　　　　2．別室で寝ている

問6　以下の事柄について，あなたの考えに最も近い数字に○を付けて下さい。

	そう思う	まあそう思う	あまりそう思わない	そう思わない
1. 退職後はそれぞれの生活ペースがあるのだから，昼食は各自で取るのがよい	4	3	2	1
2. 仕事役割・親役割を終えた後は，互いに役割に縛られない生き方をしたい	4	3	2	1
3. 親役割を終えた後は，互いの行動を拘束しない方が良い	4	3	2	1
4. 退職して夫が家にいても，妻はその動向に縛られる必要はない	4	3	2	1
5. 退職後，それぞれやりたいことが違うときは，別々に住むこともあり得るだろう	4	3	2	1

問7　ご夫婦の関係を，これまでの各時期について満足度を10点満点で評価して下さい。
　　　お子さんがいない場合は，およそ該当する時期についてお答えください。

　　　　　　　　　　　まったく　　　　　　　　　　　　　　　　　　　　　たいへん
1．結婚当初……満足していない　1　2　3　4　5　6　7　8　9　10　満足している

　　　　　　　　　　　まったく　　　　　　　　　　　　　　　　　　　　　たいへん
2．子育て期……満足していない　1　2　3　4　5　6　7　8　9　10　満足している
　　（子どもが幼児期～児童期）

　　　　　　　　　　　まったく　　　　　　　　　　　　　　　　　　　　　たいへん
3．中年前期……満足していない　1　2　3　4　5　6　7　8　9　10　満足している
　　（子どもが中学生～高校生）

　　　　　　　　　　　まったく　　　　　　　　　　　　　　　　　　　　　たいへん
4．中年後期……満足していない　1　2　3　4　5　6　7　8　9　10　満足している
　　（子どもが大学生～社会人）

　　　　　　　　　　　まったく　　　　　　　　　　　　　　　　　　　　　たいへん
5．夫定年後……満足していない　1　2　3　4　5　6　7　8　9　10　満足している
　　（60代～）

問8　あなたの配偶者は，以下の家事をどのくらいの頻度で行っていますか。

	ほぼ毎日	週4～5回	週2～3回	週1回	たまに	ほとんどない
1．食事作り	1	2	3	4	5	6
2．食事の片付け・洗い	1	2	3	4	5	6
3．洗濯（干す・収納を含む）	1	2	3	4	5	6
4．掃除	1	2	3	4	5	6

問9　結婚生活について，もし経済的に可能なら「離婚したい」と思いますか。
　　　1　全く思わない　　　2　あまり思わない　　　3　そういう選択肢もあり得る
　　　4　近い将来したい　　5　今すぐにでもしたい

※【全員がお答え下さい】

問10　あなたは家族以外の人（職場の人，友人，活動仲間など）と一緒にお茶を飲んだり，お酒や食事をすることがどのくらいありますか。
　　　1　ほとんど毎日　　2　週に2～3回　　3　週に1回　　4　月に2～3回
　　　5　月に1回　　　　6　年に数回　　　7　年に1回　　8　ほとんどない・ない

問11　以下の事柄について，あなたの考えに最も近い数字に○を付けてください。

	そう思う	まあそう思う	あまりそう思わない	そう思わない
1．男性は外で働き，女性は家庭を守るべきである	4	3	2	1
2．子どもは三歳までは母親の手で育てた方が良い	4	3	2	1
3．男性が一家の主な稼ぎ手であるべきだ	4	3	2	1
4．家事や育児には，男性よりも女性が向いている	4	3	2	1

問12　毎日の生活のなかで，あなたがどのように感じているかをうかがいます。次にかかげる質問を読んで，あなたの気持ちに最も近い答えを1つ選び，○で囲んで下さい。

1．あなたは人生が面白いと思いますか
　　1　非常に　　　　　　　　2　ある程度は
　　3　あまりそうは思わない　　4　全くそう思わない
2．期待どおりの生活水準や社会的地位を手に入れたと思いますか
　　1　非常に　　　　　　　　2　ある程度は
　　3　あまりそうは思わない　　4　全くそう思わない
3．これまでどの程度成功したり出世したと感じていますか
　　1　非常に　　　　　　　　2　まあまあ
　　3　あまりうまくいっていない　4　全くうまくいっていない
4．自分がやろうとしたことはやりとげていますか
　　1　ほとんどいつも　　　　2　ときどき
　　3　ほとんどできていない　　4　全くできていない
5．過去と比較して，現在の生活は
　　1　とても幸せ　　　　　　2　まあまあ幸せ
　　3　あまり幸せではない　　4　全く幸せではない
6．ここ数年やってきたことを全体的に見て，あなたはどの程度幸せを感じていますか
　　1　とても幸せ　　　　　　2　まあまあ幸せ
　　3　あまり幸せではない　　4　全く幸せではない
7．ものごとが思ったように進まない場合でも，あなたはその状況に適切に対処できると思いますか
　　1　だいたいできる　　　　2　ときどきはできる
　　3　ほとんどできない　　　4　全くできない
8．危機的な状況（人生を狂わせるようなこと）に出会ったとき，自分が勇気を持ってそれに立ち向かって解決していけるという自信がありますか
　　1　非常に　　　　　　　　2　ある程度は
　　3　あまり自信はない　　　4　全く自信はない

9. 今の調子でやっていけば，これから起きることにも対応できる自信がありますか
    1　非常に　　　　　　　　　　2　ある程度は
    3　あまり自信はない　　　　　4　全く自信はない
10. 自分の人生は退屈だとか面白くないと感じていますか
    1　非常に　　　　　　　　　　2　ある程度は
    3　あまり感じていない　　　　4　全く感じていない
11. 将来のことが心配ですか
    1　非常に　　　　　　　　　　2　ある程度は
    3　あまり感じていない　　　　4　全く感じていない
12. 自分の人生に意味がないと感じていますか
    1　非常に　　　　　　　　　　2　ある程度は
    3　あまり感じていない　　　　4　全く感じていない

問13　あなたと配偶者・家族の健康状態をお尋ねします。
1．あなたの現在の健康状態は，次のどれに近いですか。
    1　良い　　　　　2　普通　　　3　どちらともいえない
    4　あまり良くない　　5　良くない
2．配偶者の健康状態は，次のどれに近いですか。
    1　良い　　　　　2　普通　　　3　どちらともいえない
    4　あまり良くない　　5　良くない
3．あなたご自身，ここ何年かの間に，病気で入院したあるいは家で配慮（介護）を必要とする状態に　　　　1　ない　　2　ある
4．配偶者を含むご家族の中で，ここ何年かの間に，病気で入院したあるいは家で配慮（介護）を必要とする状態の人が　　1　いない　　2　いる

●以下についてお答え下さい。
1．あなたの性別は　　1　男性　　2　女性
2．あなたの年齢は　　（　　　）歳
3．配偶者はいらっしゃいますか
    ・いる→1　同居　　　2　別居
        →結婚後，何年になりますか（　　　）年
    ・いない→3　死別　　4　離別　　5　独身

4．あなたが最後にいった学校は次のどれですか（中退も卒業と同じ扱いで）。
    1　中学校　　　　　2　高校　　　　　　3　短大・高専，専門学校
    4　大学，大学院　　5　その他（具体的に→

5．あなたの配偶者はすでに職場で定年を迎えられましたか。
    1　まだ定年になっていない（定年前である）
    2　定年，あるいは早期退職をした→　退職時（　　　）歳，（　　　）年前
    3　定年という制度がない，定年とは関係がない

6. あなたは現在働いていますか。無職の方もお答え下さい。
    1 経営者・役員   2 常雇いの一般従業員   3 派遣社員，契約社員
    4 パート・アルバイト 5 自営業主，自由業者   6 家族従業者
    7 無職，専業主婦   8 その他（具体的に→

7. 現在働いている方，その職種は次のどれですか。
    1 専門・技術系の職業   5 技能，労務，作業系の職業
    2 管理的職業   6 農林漁業職
    3 事務・営業系の職業   7 その他（具体的に→
    4 販売・サービス系の職業

8. お宅での去年1年間の家計収入は，税込みでどれに近いでしょうか。臨時収入，副収入，年金，公的扶助なども含めてお答え下さい。
    1 100万円未満   2 100〜199万円台   3 200〜399万円台
    4 400〜599万円台   5 600〜799万円台   6 800〜999万円台
    7 1000〜1299万円台   8 1300万円以上

9. あなたは，8．で回答した収入（家族全体として）に満足していますか。
    1 満　足   2 まあ満足   3 どちらともいえない
    4 やや不満 5 とても不満

11. 現在一緒に住んでいる方を，次の中から全てあげて下さい。
    1 配偶者   2 未婚の子ども   3 結婚した子どもとその家族
    4 自分の親   5 配偶者の親   6 その他の親族   7 なし

●以上で質問は終わりです。長時間ご協力ありがとうございました。

（2015年調査）家庭と家族に関する調査

問1　以下の事柄について，あなたに最も当てはまると思う数字に○を付けてください。

	とても当てはまる	まやあてはまる	どちらともいえない	あまり当てはまらない	全く当てはまらない
1．私はこれまで，いろいろな人や活動を支えてきた	5	4	3	2	1
2．何かに向かって前進していると感じる	5	4	3	2	1
3．私が死んでも，人は私のことを覚えていてくれるだろう	5	4	3	2	1
4．人に教えてあげたいような経験やコツがある	5	4	3	2	1
5．私が人のためにしてきたことは，後世にも残ると思う	5	4	3	2	1
6．前向きで計画的な人だといわれている	5	4	3	2	1
7．困っている人に手を差し伸べるのは，自分のつとめだと思う	5	4	3	2	1
8．世の中のために，自分にしかできないことをしてきた	5	4	3	2	1
9．人に助言を求められる	5	4	3	2	1
10．無償のボランティアはしない	5	4	3	2	1
11．たくさんの人に影響を与えていると感じる	5	4	3	2	1
12．人に教えたいという欲求がある	5	4	3	2	1
13．自分は，人に対する影響力はない	5	4	3	2	1
14．私にも，地球をよくする責任がある	5	4	3	2	1
15．他人が真似をしたくなるようなものをつくったことがある	5	4	3	2	1
16．自分の経験や知識を人に伝えるようにしている	5	4	3	2	1
17．無理のない範囲で，募金をしたい	5	4	3	2	1
18．私は，後世に残るようなことは何もしていないと思う	5	4	3	2	1
19．人のためになるようなことは何もしていないと思う	5	4	3	2	1
20．私は，人に必要とされているとは感じない	5	4	3	2	1
21．いつも何か目標をもっていたい	5	4	3	2	1
22．決められた仕事のなかでも個性を生かしてやりたい	5	4	3	2	1
23．ちょっとした工夫をすることが好きだ	5	4	3	2	1
24．みんなに喜んでもらえる素晴らしいことをしたい	5	4	3	2	1
25．何でも手がけたことには最善を尽くしたい	5	4	3	2	1
26．何か小さなことでも自分にしかできないことをしてみたいと思う	5	4	3	2	1
27．結果は気にしないで何かを一生懸命やってみたい	5	4	3	2	1
28．いろいろなことを学んで自分を深めたい	5	4	3	2	1

29．今日一日何をしようかと考えることは楽しい	5	4	3	2	1
30．難しいことでも自分なりに努力してやってみようと思う	5	4	3	2	1
31．こういうことがしたいなあと考えるとわくわくする	5	4	3	2	1

【配偶者のいない方は問12に飛んで下さい】

問2　あなたが結婚生活を継続している理由は何ですか。最も当てはまる数字に○を付けて下さい。

	とても当てはまる	まあまあ当てはまる	やや当てはまる	どちらともいえない	あまり当てはまらない	全く当てはまらない
1．離婚は恥ずべきことと考えているから	5	4	3	2	1	
2．配偶者との関係は，私の人生のなかで重要なものだから	5	4	3	2	1	
3．いまさら別の人とやり直すのは面倒だから	5	4	3	2	1	
4．離婚しても，幸福が約束されているわけではないから	5	4	3	2	1	
5．子どもにとってふた親が揃っていることは必要だから	5	4	3	2	1	
6．離婚するようなことになったら，家族が反対すると思うから	5	4	3	2	1	
7．離婚に至る過程とその手続きが面倒だから	5	4	3	2	1	
8．結婚した以上，最後まで相手に責任をもつのは当然だから	5	4	3	2	1	
9．何かにつけて配偶者がいると便利だから	5	4	3	2	1	
10．離婚して片親になったら，子どもを育てていく自信はないから	5	4	3	2	1	
11．結婚生活が無意味だと感じても，子どもが成人するまでは家庭を維持すべきだと思うから	5	4	3	2	1	
12．離婚することで，子どもに辛い思いをさせたくないから	5	4	3	2	1	
13．離婚することは道徳的に間違っているから	5	4	3	2	1	
14．普段，配偶者がいることで安心して暮らしていけるから	5	4	3	2	1	
15．離婚することで社会的な信用を失いたくないから	5	4	3	2	1	
16．配偶者に愛情を感じられなくても，子どものために離婚は避けるべきだから	5	4	3	2	1	
17．誰と結婚しても，結婚生活など似たり寄ったりだから	5	4	3	2	1	
18．配偶者は，これまでの家族の歴史（思い出）を共有できる相手だから	5	4	3	2	1	
19．配偶者は私のことを一番わかってくれる人だから	5	4	3	2	1	
20．子どもの幸せのためなら多少の理不尽は我慢すべきだと思うから	5	4	3	2	1	
21．配偶者がいないと経済的に成り立たないから	5	4	3	2	1	

22.	結婚していることにこそ価値があると思うから	5	4	3	2	1
23.	配偶者のことを誰よりも信頼しているから	5	4	3	2	1
24.	配偶者は私の欠点も含めて受け入れてくれる人だから	5	4	3	2	1
25.	もし私が配偶者のもとを去ったなら，後悔が残ると思うから	5	4	3	2	1
26.	分かり合えなくても"夫婦とはしょせんこんなもの"と思うから	5	4	3	2	1
27.	たとえいがみ合っていても，子どものために離婚は踏み止まるべきだと思うから	5	4	3	2	1
28.	配偶者がいないと老後が何かと不便だから	5	4	3	2	1
29.	一度決めたことだから，最後まで関わり続けようと思うから	5	4	3	2	1
30.	配偶者のことを心の支えにしているから	5	4	3	2	1

問3　あなたと配偶者の関係について，当てはまる数字に○を付けて下さい。

		いつもそうだ	だいたいそう	たいていではないそう	いつもそうではない
1.	配偶者はどんなときでも私の味方でいてくれる	4	3	2	1
2.	嫌なことがあったり落ち込んでいるとき，配偶者は温かく励してくれる	4	3	2	1
3.	配偶者のためならできるだけのことをしてあげたい	4	3	2	1
4.	その日の出来事や嬉しかったことは真っ先に配偶者に話す	4	3	2	1
5.	配偶者は私を理解してくれている	4	3	2	1
6.	私は配偶者の気持ちをできるだけわかろうと努める	4	3	2	1
7.	配偶者は言葉に出さなくても私の気持ちを察してくれる	4	3	2	1
8.	悩み事や相談があるとき，配偶者は親身になって一緒に考えてくれる	4	3	2	1
9.	元気がないとき，配偶者はそれとなく気づかってくれる	4	3	2	1
10.	配偶者といると安心していられる	4	3	2	1
11.	私が不満をぶつけても，配偶者は黙って聞いてくれる	4	3	2	1
12.	配偶者がもしいなくなったら，私は途方に暮れるだろう	4	3	2	1
13.	物事がうまく行かないとき，配偶者はアドバイスをくれたり見守っていてくれる	4	3	2	1
14.	配偶者は私の体調や健康を気づかってくれる	4	3	2	1
15.	自分は配偶者から信頼されている	4	3	2	1
16.	私は配偶者を一人の人間として尊敬している	4	3	2	1
17.	一度決めたことをこちらの都合で変えなければならないとき，配偶者は快い返事をしない	4	3	2	1

18. 何かの都合で約束が果たせなかったとき，配偶者は強い非難の言葉を浴びせる	4	3	2	1
19. たとえ本人のミスでも配偶者はなかなか非を認めようとしない	4	3	2	1
20. 配偶者は何かにつけて自分の都合を優先させる	4	3	2	1
21. 何か用事をしていても配偶者は自分の都合を優先するよう言う	4	3	2	1

問4　あなたが普段，配偶者と話をする時間はどのくらいありますか。1日あたりの平均時間で当てはまるもの1つに○をつけて下さい。
　　1．ほとんどない　　　　2．1日30分以下　　3．1日30分〜1時間くらい
　　4．1日1〜2時間くらい　　5．1日2時間以上

問5　ご夫婦の就寝形態は次のどちらですか。
　　1．同室で寝ている　　　2．別室で寝ている

問6　ご夫婦の関係を，これまでの各時期について満足度を10点満点で評価して下さい。
　　　　　　　　まったく　　　　　　　　　　　　　　　　　　たいへん
1．結婚当初……満足していない　1　2　3　4　5　6　7　8　9　10　満足している

　　　　　　　　まったく　　　　　　　　　　　　　　　　　　たいへん
2．現　　在……満足していない　1　2　3　4　5　6　7　8　9　10　満足している

問7　あなたと配偶者は，家事をどのような割合でしていますか。全体を10として0〜10の数字で示して下さい。
　　　あなた：配偶者→（　　）：（　　）

問8　子育てや子どものことについて，あなたと配偶者ではどのような割合で関わってきたと思いますか。全体を10として，0〜10の数字で示して下さい。
　　　あなた：配偶者→（　　）：（　　）

問9　以下の事柄について，あなたに最も当てはまると思う数字に○を付けてください。

	とても当てはまる	やや当てはまる	どちらともいえない	あまり当てはまらない	全く当てはまらない
1．子どもの塾の選択など教育方針において配偶者とずれがある	5	4	3	2	1
2．子どもの将来について期待することは夫婦で一致している	5	4	3	2	1
3．休日をどう過ごすかについて配偶者と意見があわないことが多い	5	4	3	2	1
4．子どもの習い事について配偶者と意見が一致しないことが多い	5	4	3	2	1
5．子どものしつけについて配偶者と意見があわないことが多い	5	4	3	2	1
6．住まいのもち方・あり方について配偶者と意見が一致しない	5	4	3	2	1

問10　あなたが，仕事（職業），家庭（子育てを含む），それ以外の活動に費やしているエネルギーや時間を10とすると，それぞれはどのような割合になりますか。（　）の中に合計が10になるように数字を記入してください。なお，それ以外の活動とは，趣味・スポーツなど個人的活動，社会活動をさします。

　　　仕事：家庭：それ以外→　（　　）：（　　）：（　　）

問11　結婚生活について，もし経済的に可能なら「離婚したい」と思いますか。
　　　1　全く思わない　　　　　2　あまり思わない　　　3　そういう選択肢もあり得る
　　　4　近い将来したい　　　　5　今すぐにでもしたい

※【全員がお答え下さい】

問12　あなたは家族以外の人（職場の人，友人，活動仲間など）と一緒にお茶を飲んだり，お酒や食事をすることがどのくらいありますか。
　　　1　ほとんど毎日　　2　週に2～3回　　3　週に1回　　4　月に2～3回
　　　5　月に1回　　　　6　年に数回　　　　7　年に1回　　8　ほとんどない・ない

問13　以下の事柄について，あなたの考えに最も近い数字に○を付けてください。

	そう思う	まあそう思う	あまりそう思わない	そう思わない
1．男性は外で働き，女性は家庭を守るべきである	4	3	2	1
2．子どもは三歳までは母親の手で育てた方が良い	4	3	2	1
3．男性が一家の主な稼ぎ手であるべきだ	4	3	2	1
4．家事や育児には，男性よりも女性が向いている	4	3	2	1

問14　次の内容は，あなたにどのくらい当てはまりますか。当てはまる数字に○を付けてください。

	とても当てはまる	やや当てはまる	どちらともいえない	あまり当てはまらない	全く当てはまらない
1．私は，自分が何になりたいかをはっきりと考えている	5	4	3	2	1
2．私は，自分が混乱しているように感じている	5	4	3	2	1
3．私は，自分がどんな人間であるのかをよく知っている	5	4	3	2	1
4．私は，自分の人生をどのように生きたいかを自分で決められない	5	4	3	2	1
5．私は，自分のしていることを本当はわかっていない	5	4	3	2	1
6．私は，自分が好きだし，自分に誇りをもっている	5	4	3	2	1
7．私には，充実感がない	5	4	3	2	1

問15　毎日の生活のなかで，あなたがどのように感じているかをうかがいます。次にかかげる質問を読んで，あなたの気持ちに最も近い答えを1つ選び，○で囲んで下さい。
1．あなたは人生が面白いと思いますか
　　　1　非常に　　　　　　　　2　ある程度は
　　　3　あまりそうは思わない　　4　全くそう思わない
2．期待どおりの生活水準や社会的地位を手に入れたと思いますか
　　　1　非常に　　　　　　　　2　ある程度は
　　　3　あまりそうは思わない　　4　全くそう思わない
3．これまでどの程度成功したり出世したと感じていますか
　　　1　非常に　　　　　　　　2　まあまあ
　　　3　あまりうまくいっていない　4　全くうまくいっていない
4．自分がやろうとしたことはやりとげていますか
　　　1　ほとんどいつも　　　　　2　ときどき
　　　3　ほとんどできていない　　4　全くできていない

5. 過去と比較して，現在の生活は
    1　とても幸せ　　　　　　　2　まあまあ幸せ
    3　あまり幸せではない　　　4　全く幸せではない
6. ここ数年やってきたことを全体的に見て，あなたはどの程度幸せを感じていますか
    1　とても幸せ　　　　　　　2　まあまあ幸せ
    3　あまり幸せではない　　　4　全く幸せではない
7. ものごとが思ったように進まない場合でも，あなたはその状況に適切に対処できると思いますか
    1　だいたいできる　　　　　2　ときどきはできる
    3　ほとんどできない　　　　4　全くできない
8. 危機的な状況（人生を狂わせるようなこと）に出会ったとき，自分が勇気を持ってそれに立ち向かって解決していけるという自信がありますか
    1　非常に　　　　　　　　　2　ある程度は
    3　あまり自信はない　　　　4　全く自信はない
9. 今の調子でやっていけば，これから起きることにも対応できる自信がありますか
    1　非常に　　　　　　　　　2　ある程度は
    3　あまり自信はない　　　　4　全く自信はない
10. 自分の人生は退屈だとか面白くないと感じていますか
    1　非常に　　　　　　　　　2　ある程度は
    3　あまり感じていない　　　4　全く感じていない
11. 将来のことが心配ですか
    1　非常に　　　　　　　　　2　ある程度は
    3　あまり感じていない　　　4　全く感じていない
12. 自分の人生に意味がないと感じていますか
    1　非常に　　　　　　　　　2　ある程度は
    3　あまり感じていない　　　4　全く感じていない

問16　あなたと配偶者の健康状態をお尋ねします。
1. あなたの現在の健康状態は，次のどれに近いですか。
    5　良い　　　　　4　普通　　　　3　どちらともいえない
    2　あまり良くない　　1　良くない
2. 配偶者の健康状態は，次のどれに近いですか。
    5　良い　　　　　4　普通　　　　3　どちらともいえない
    2　あまり良くない　　1　良くない

●以下についてお答え下さい。
1. あなたの性別は　　1　男性　　2　女性
2. あなたの年齢は　　（　　　）歳

3．配偶者はいらっしゃいますか。当てはまるもの1つに○を付けてください。
　　　1　同居　　　2　別居　　　3　単身赴任　　　4　死別　　　5　離別　　　6　独身
　　　配偶者がいらっしゃる方は，結婚後，何年になりますか（　　　　）年

4．あなたが最後にいった学校は次のどれですか（中退も卒業と同じ扱いで）。
　　　1　中学校　　　　　　2　高校　　　　　　　3　短大・高専，専門学校
　　　4　大学，大学院　　　5　その他（具体的に→

5．あなたは現在働いていますか。無職の方もお答え下さい。
　　　1　経営者・役員　　　　2　常雇いの一般従業員　　　3　派遣社員，契約社員
　　　4　パート・アルバイト　5　自営業主，自由業者　　　6　家族従業者
　　　7　無職，専業主婦　　　8　その他（具体的に→

6．現在働いている方，その職種は次のどれですか。
　　　1　専門・技術系の職業　　　　5　技能，労務，作業系の職業
　　　2　管理的職業　　　　　　　　6　農林漁業職
　　　3　事務・営業系の職業　　　　7　その他（具体的に→
　　　4　販売・サービス系の職業

7．あなたは，現在の家計収入（家族全体として）に満足していますか。
　　　5　満　足　　　　4　まあ満足　　　3　どちらともいえない
　　　2　やや不満　　　1　とても不満

8．お子さんの人数と，末子の年齢についてお答えください。
　　　子どもの人数（　　　）人　　末子の年齢（　　　）歳

●以上で質問は終わりです。長時間ご協力ありがとうございました。

（2016年調査）夫婦の関係と生活意識に関する調査

問1　毎日の生活のなかで，あなたがどのように感じているかをうかがいます。次にかかげる質問を読んで，あなたの気持ちに最も近い答えを1つ選び，○で囲んで下さい。

1．あなたは人生が面白いと思いますか
　　　1　非常に　　　　　　　　　2　ある程度は
　　　3　あまりそうは思わない　　 4　全くそう思わない
2．期待どおりの生活水準や社会的地位を手に入れたと思いますか
　　　1　非常に　　　　　　　　　2　ある程度は
　　　3　あまりそうは思わない　　 4　全くそう思わない
3．これまでどの程度成功したり出世したと感じていますか
　　　1　非常に　　　　　　　　　2　まあまあ
　　　3　あまりうまくいっていない　4　全くうまくいっていない
4．自分がやろうとしたことはやりとげていますか
　　　1　ほとんどいつも　　　　　 2　ときどき
　　　3　ほとんどできていない　　 4　全くできていない
5．過去と比較して，現在の生活は
　　　1　とても幸せ　　　　　　　 2　まあまあ幸せ
　　　3　あまり幸せではない　　　 4　全く幸せではない
6．ここ数年やってきたことを全体的に見て，あなたはどの程度幸せを感じていますか
　　　1　とても幸せ　　　　　　　 2　まあまあ幸せ
　　　3　あまり幸せではない　　　 4　全く幸せではない
7．ものごとが思ったように進まない場合でも，あなたはその状況に適切に対処できると思いますか
　　　1　だいたいできる　　　　　 2　ときどきはできる
　　　3　ほとんどできない　　　　 4　全くできない
8．危機的な状況（人生を狂わせるようなこと）に出会ったとき，自分が勇気を持ってそれに立ち向かって解決していけるという自信がありますか
　　　1　非常に　　　　　　　　　 2　ある程度は
　　　3　あまり自信はない　　　　 4　全く自信はない
9．今の調子でやっていけば，これから起きることにも対応できる自信がありますか
　　　1　非常に　　　　　　　　　 2　ある程度は
　　　3　あまり自信はない　　　　 4　全く自信はない
10．自分の人生は退屈だとか面白くないと感じていますか
　　　1　非常に　　　　　　　　　 2　ある程度は
　　　3　あまり感じていない　　　 4　全く感じていない
11．将来のことが心配ですか
　　　1　非常に　　　　　　　　　 2　ある程度は
　　　3　あまり感じていない　　　 4　全く感じていない

12. 自分の人生に意味がないと感じていますか
    1　非常に　　　　　　　　　　2　ある程度は
    3　あまり感じていない　　　　4　全く感じていない

【配偶者のいない方は最終ページに飛んで下さい】

問2　あなたが結婚生活を継続している理由は何ですか。最も当てはまる数字に○を付けて下さい。

	とても当てはまる	やや当てはまる	どちらともいえない	あまり当てはまらない	全く当てはまらない
1．配偶者は私にとってかけがえのない存在だから	5	4	3	2	1
2．一人では寂しいから	5	4	3	2	1
3．離婚は恥ずべきことと考えているから	5	4	3	2	1
4．配偶者との関係は，私の人生のなかで重要なものだから	5	4	3	2	1
5．いまさら別の人とやり直すのは面倒だから	5	4	3	2	1
6．離婚しても，幸福が約束されているわけではないから	5	4	3	2	1
7．離婚するようなことになったら，家族が反対すると思うから	5	4	3	2	1
8．離婚に至る過程とその手続きが面倒だから	5	4	3	2	1
9．結婚した以上，最後まで相手に責任をもつのは当然だから	5	4	3	2	1
10．何かにつけて配偶者がいると便利だから	5	4	3	2	1
11．別れると相手がかわいそうだから	5	4	3	2	1
12．離婚することなど，人生の選択肢として考えたことがないから	5	4	3	2	1
13．離婚することで，子どもに辛い思いをさせたくないから	5	4	3	2	1
14．離婚することは道徳的に間違っているから	5	4	3	2	1
15．普段，配偶者がいることで安心して暮らしていけるから	5	4	3	2	1
16．離婚することで社会的な信用を失いたくないから	5	4	3	2	1
17．多少の問題はあっても，結婚は続けるものだと思うから	5	4	3	2	1
18．これまでに費やした時間やお金を無駄にしたくないから	5	4	3	2	1
19．誰と結婚しても，結婚生活など似たり寄ったりだから	5	4	3	2	1
20．配偶者は，これまでの家族の歴史（思い出）を共有できる相手だから	5	4	3	2	1
21．配偶者は私のことを一番わかってくれる人だから	5	4	3	2	1
22．結婚生活を継続させるために多くのものを犠牲にしてきたから	5	4	3	2	1
23．配偶者がいないと経済的に成り立たないから	5	4	3	2	1

24.	たとえ離婚を求めても，相手が承諾してくれないから	5	4	3	2	1
25.	結婚していることにこそ価値があると思うから	5	4	3	2	1
26.	配偶者のことを誰よりも信頼しているから	5	4	3	2	1
27.	配偶者は私の欠点も含めて受け入れてくれる人だから	5	4	3	2	1
28.	もし私が配偶者のもとを去ったなら，後悔が残ると思うから	5	4	3	2	1
29.	分かり合えなくても"夫婦とはしょせんこんなもの"と思うから	5	4	3	2	1
30.	離婚することで，互いに傷つけ合いたくないから	5	4	3	2	1
31.	配偶者がいないと老後が何かと不便だから	5	4	3	2	1
32.	一度決めたことだから，最後まで関わり続けようと思うから	5	4	3	2	1
33.	配偶者のことを心の支えにしているから	5	4	3	2	1

問3　あなたと配偶者の関係について，当てはまる数字に○を付けて下さい。

		いつもそうだ	だいたいそう	たいていではない	いつもそうでない
1.	配偶者はどんなときでも私の味方でいてくれる	4	3	2	1
2.	嫌なことがあったり落ち込んでいるとき，配偶者は温かく励してくれる	4	3	2	1
3.	配偶者のためならできるだけのことをしてあげたい	4	3	2	1
4.	その日の出来事や嬉しかったことは真っ先に配偶者に話す	4	3	2	1
5.	配偶者は私を理解してくれている	4	3	2	1
6.	私は配偶者の気持ちをできるだけわかろうと努める	4	3	2	1
7.	配偶者は言葉に出さなくても私の気持ちを察してくれる	4	3	2	1
8.	悩み事や相談があるとき，配偶者は親身になって一緒に考えてくれる	4	3	2	1
9.	元気がないとき，配偶者はそれとなく気づかってくれる	4	3	2	1
10.	配偶者といると安心していられる	4	3	2	1
11.	私が不満をぶつけても，配偶者は黙って聞いてくれる	4	3	2	1
12.	配偶者がもしいなくなったら，私は途方に暮れるだろう	4	3	2	1
13.	物事がうまく行かないとき，配偶者はアドバイスをくれたり見守っていてくれる	4	3	2	1
14.	配偶者は私の体調や健康を気づかってくれる	4	3	2	1
15.	自分は配偶者から信頼されている	4	3	2	1
16.	私は配偶者を一人の人間として尊敬している	4	3	2	1
17.	一度決めたことをこちらの都合で変えなければならないとき，配偶者は快い返事をしない	4	3	2	1

18. 大事なことを決めるときは最終的に配偶者の意見が優先される	4	3	2	1
19. 何かの都合で約束が果たせなかったとき，配偶者は強い非難の言葉を浴びせる	4	3	2	1
20. たとえ本人のミスでも配偶者はなかなか非を認めようとしない	4	3	2	1
21. 配偶者は何かにつけて自分の都合を優先させる	4	3	2	1
22. 何か用事をしていても配偶者は自分の都合を優先するよう言う	4	3	2	1

問4　あなたが普段，配偶者と話をする時間はどのくらいありますか。1日あたりの平均時間で当てはまるもの1つに○をつけて下さい。
　　　1．ほとんどない　　　　　　2．1日30分以下　　3．1日30分〜1時間くらい
　　　4．1日1〜2時間くらい　　　5．1日2時間以上

問5　ご夫婦の関係を，10点満点で当てはまる数字に○を付けてください。
　　　まったく　　　　　　　　　　　　　　　　　　　　　　たいへん
　　　満足していない　1　2　3　4　5　6　7　8　9　10　満足している

問6　配偶者あるいは配偶者との関係について，＿＿＿に思うことを率直にご記入下さい。
1．私は，現在の夫と結婚したことについて＿＿＿＿＿＿＿＿＿＿＿＿＿＿＿＿＿＿＿＿＿

2．夫の存在は，私の人生にとって＿＿＿＿＿＿＿＿＿＿＿＿＿＿＿＿＿＿＿＿＿＿＿＿＿

3．私が夫と離婚しない最も大きな理由は＿＿＿＿＿＿＿＿＿＿＿＿＿＿＿＿＿＿＿＿＿＿

4．もし夫が先にこの世を去った場合，それから私の人生は＿＿＿＿＿＿＿＿＿＿＿＿＿＿
　　＿＿＿＿＿＿＿＿＿＿＿＿＿＿＿＿＿＿＿＿＿＿＿＿＿＿＿＿＿＿＿＿＿＿＿＿＿＿＿

5．妻という役割は私にとって＿＿＿＿＿＿＿＿＿＿＿＿＿＿＿＿＿＿＿＿＿＿＿＿＿＿＿

6．夫婦の会話は，私にとって＿＿＿＿＿＿＿＿＿＿＿＿＿＿＿＿＿＿＿＿＿＿＿＿＿＿＿

7．私が夫からしてもらいたいことは＿＿＿＿＿＿＿＿＿＿＿＿＿＿＿＿＿＿＿＿＿＿＿＿

8．私は，夫と二人で＿＿＿＿＿＿＿＿＿＿＿＿＿＿＿＿＿＿＿＿＿＿＿＿＿＿＿＿＿＿＿

9．私が夫のために心がけていることは＿＿＿＿＿＿＿＿＿＿＿＿＿＿＿＿＿＿＿＿＿＿＿

10．私は，妻としていつも＿＿＿＿＿＿＿＿＿＿＿＿＿＿＿＿＿＿＿＿＿＿＿＿＿＿＿＿＿

11. 私は，夫婦のこれからについて＿＿＿＿＿＿＿＿＿＿＿＿＿＿＿＿＿＿＿＿＿

12. 私は，夫婦関係が円満であるために＿＿＿＿＿＿＿＿＿＿＿＿＿＿＿＿＿＿

問7　結婚生活について，もし経済的に可能なら「離婚したい」と思いますか。
　　　1　全く思わない　　　　2　あまり思わない　　3　そういう選択肢もあり得る
　　　4　近い将来したい　　　5　今すぐにでもしたい

問8　以下の事柄について，あなたの考えに最も近い数字に○を付けてください。

	そう思う	まあそう思う	あまりそう思わない	そう思わない
1．男性は外で働き，女性は家庭を守るべきである	4	3	2	1
2．子どもは三歳までは母親の手で育てた方が良い	4	3	2	1
3．男性が一家の主な稼ぎ手であるべきだ	4	3	2	1
4．家事や育児には，男性よりも女性が向いている	4	3	2	1

●以下について全員がお答え下さい。
1．あなたの性別は　　1　男性　　　2　女性
2．あなたの年齢は　　（　　　）歳
3．配偶者はいらっしゃいますか
　　・いる→1　同居　　2　別居
　　　　　→結婚後，何年になりますか（　　　　）年
　　・いない→3　死別　　4　離別　　5　独身

4．あなたが最後にいった学校は次のどれですか（中退も卒業と同じ扱いで）。
　　　1　中学校　　　　　2　高校　　　　　　3　短大・高専，専門学校
　　　4　大学，大学院　　5　その他（具体的に→

5．あなたは現在働いていますか。無職の方もお答え下さい。
　　　1　経営者・役員　　　　2　常雇いの一般従業員　　3　派遣社員，契約社員
　　　4　パート・アルバイト　5　自営業主，自由業者　　6　家族従業者
　　　7　無職，専業主婦　　　8　その他（具体的に→

6．お宅での去年1年間の家計収入は，税込みでどれに近いでしょうか。臨時収入，副収入，年金，公的扶助なども含めてお答え下さい。
　　　1　100万円未満　　　2　100～199万円台　　3　200～399万円台
　　　4　400～599万円台　 5　600～799万円台　　6　800～999万円台
　　　7　1000～1299万円台　8　1300万円以上

7．あなたは，6．で回答した収入（家族全体として）に満足していますか。
　　1　満　足　　　2　まあ満足　　3　どちらともいえない
　　4　やや不満　　5　とても不満

8．あなたの現在の健康状態は，次のどれに近いですか。
　　1　良い　　　　　　2　普通　　3　どちらともいえない
　　4　あまり良くない　5　良くない

9．現在一緒に住んでいる方を，次の中から全てあげて下さい。
　　1　配偶者　　　2　未婚の子ども　　3　結婚した子どもとその家族
　　4　自分の親　　5　配偶者の親　　　6　その他の親族　　　7　なし

●以上で質問は終わりです。長時間ご協力ありがとうございました。

事項索引

A
CES-D　*119*
GHQ　*119*
LGS　*84*
L字型　*133*
QOL　*120*
U字型　*132*

あ
愛情　*70, 77, 132*
アイデンティティ　*100*
諦め・機能的コミットメント
　103, 104
アレキシサイミア　*120*
安心感・安定感　*104*
育児不安　*134*
意見の一致　*76*
エピジェネティック　*129*
夫の家事参加　*117*
夫の退職　*114, 115, 139*
夫の定年　*137*

か
皆婚社会　*128*
確認的因子分析　*86*
家庭関与　*138*
関係性　*39, 83, 92, 99, 129*
　――ステイタス　*39, 139*
　――の質　*49*
関係の破綻　*135*
機能性　*131*
規範型　*137*
規範的コミットメント
　71, 103, 104
競争的達成動機　*17*
共同型　*137*
ケア役割　*119*
継続の質　*31, 39, 44, 62*
結婚コミットメント　*4*

結婚生活　*100*
　――の継続　*53*
結婚の価値　*128*
結婚の質　*53, 99, 119, 125, 131*
結婚満足度　*132, 138*
検定の繰り返し　*125*
衡平理論　*111*
個人化　*136*
子育て関与　*72, 134*
子育て期　*76*
　――夫婦　*64*
個体性　*83, 92*
子どもの貧困　*62*
子の存在　*72, 73*
　――コミットメント
　70, 78
個別化　*136*
コミットメント　*31*
婚外交渉　*136*

さ
サポートギャップ仮説
　132
ジェネラティヴィティ　*6, 83, 90*
自己充実的達成動機　*17, 92*
次世代の育成　*85*
自尊感情　*99*
社会貢献の意志　*87, 103*
就業形態　*94*
主観的幸福感　*124*
生涯未婚率　*128*
少子化　*128*
情緒的サポート　*132*
職場満足度　*99, 119*
自立型　*137*
人格的コミットメント

　70, 71, 103
新性別役割分業　*1*
親密性　*70, 131*
心理・社会的発達段階　*83*
精神的健康　*99*
性役割観　*115*
勢力　*12, 111*
世代継承性　*83*
世代性意識　*87, 103, 104*
専業主婦化　*1*
選択バイアス　*133*
組織コミットメント　*5, 32, 63, 131*

た
退職世代　*138*
多重役割　*3*
脱結婚型　*137*
達成動機　*83, 93*
短期縦断研究　*140*
中高年期　*99*
　――の離婚　*2*
　――の伸展　*2*
長期縦断研究　*140*
低勢力　*111, 112*
　――認知　*77, 124*
適齢期　*128*
統制変数　*141*
道徳的関係　*131*

は
働く既婚女性　*1*
伴侶性　*136*
表面的関係性型　*99*
夫婦関係の非良好さ　*136*
夫婦関係満足度　*99, 119*
夫婦の一体化　*137*
夫婦の親密性　*63*
夫婦の相互性　*104*

夫婦の不一致　135
不倫願望　136
フルタイム　96
文化的要請　84

ま
未婚化　128

や
抑うつ　119

ら
離婚　62, 70, 135
　——願望　116, 124
　——の意思　64, 71, 73

わ
ワーク・ライフ・バランス　2

人名索引

A
Adams, J. M.　5, 17, 31, 32, 37, 52, 63, 78, 130
Allen, N. J.　5, 32, 63, 131
Amato, P.　133
安藤孝俊　137
有光興記　6, 84, 85
Avia, M. D.　120

B
Beach, S. R. H.　59, 64, 133, 140
Belle, D.　38, 46, 132
Belsky, J.　133
Blanton, P. W.　58, 59, 63
Bradbury, T. N.　133
Buehler, C.　99, 119, 132
Buunk, B. P.　31, 44, 130

C
Caughlin, J. P.　5, 17, 31, 52, 63, 78, 98, 130

D
de St. Aubin, E.　6, 16, 83, 84, 87, 90, 91, 95, 96, 99, 103
Diener, E.　120
土肥伊都子　3

E
Erikson, E. H.　6, 83, 85, 90, 99, 129
Erikson, J. M.　83

F
Fincham, F. D.　59, 64, 133, 140
二松まゆみ　136

G
権藤恭之　6, 84, 99, 137
Gottman, J.　70, 133

H
林　真一郎　120, 125
林　雄亮　135
Helms, H. M.　98, 119, 132
平山順子　2-5, 33, 44, 46, 52, 119, 128
広沢俊宗　3
Holloway, S. D.　134
本田時雄　3
堀野　緑　17, 20, 92, 93
福丸由佳　3
福島朋子　73, 100
Huston, T. L.　5, 17, 31, 52, 63, 78, 98, 130

I
池田政子　3-5, 8, 11, 19, 24, 37, 47, 53, 62, 63, 72, 98, 116, 119, 120, 131, 132, 135, 138

Ikeda, M.　53
稲葉昭英　38, 53, 100, 124, 132, 133
稲垣宏樹　137
石原　治　137
石井クンツ昌子　64
磯田朋子　136, 137
Ito, Y.　53, 58, 71
伊藤裕子　2-4, 8, 11, 17-21, 23, 24, 37-39, 47, 49, 52, 53, 58, 62-64, 70-72, 76-78, 91-93, 95, 98-100, 103, 104, 116, 119, 120, 124, 125, 131, 132, 134-139
伊藤冨美　111
岩井紀子　138
岩間暁子　111

J
Jacobson, N. S.　140
Johnson, D. R.　133
Johnson, M. H.　5, 17, 31, 32, 37, 38, 52, 63, 78, 98, 130
Jones, W.　5, 17, 31, 32, 37, 52, 63, 78, 130
Josselson, R. L.　99, 129

K
神谷哲司　4
柏木惠子　3-5, 33, 44, 52,

人名索引

128, 132
河合千恵子　*6, 99, 137*
川浦康至　*3, 19, 24, 120*
数井みゆき　*132*
Kelly, J.　*133*
Kessler, R. C.　*119*
Keyes, C. L. M.　*6, 84*
木下栄二　*139*
北村俊則　*3, 103, 119, 140*
小泉智恵　*3, 103, 119, 140*
Kolarz, C. M.　*49*
小森昌彦　*6, 84, 99*
古村健太郎　*33, 52, 98*
Kotre, J.　*6, 83*
Kurdek, L. A.　*133*
串崎幸代　*6, 85, 87, 99*

L

Lee, J. A.　*131*
Lesser, I. M.　*129*
Lewis, R. A.　*131*
Lock, H. J.　*131*

M

牧野カツコ　*64, 72*
Marcia, J. E.　*129*
Markman, H. J.　*17*
丸島令子　*6, 84, 85*
松田茂樹　*138*
松田智子　*136*
松井豊　*33, 52, 98*
松信ひろみ　*111*
McAdams, D. P.　*6, 16, 83, 84, 87, 90, 91, 95, 96, 99, 103*
McLeod, J. D.　*119*
Meyer, J. P.　*5, 32, 63, 131*
森和代　*17, 20, 92, 93*
諸井克英　*3, 111*
Mroczek, D. K.　*49*
村田朋子　*53*
無藤隆　*2*

N

長津美代子　*111, 112, 136*
中川威　*6, 84, 99*
中里克治　*6, 99, 137*
難波淳子　*3*
野末武義　*136*
沼山博　*73, 100*
布柴靖枝　*136*

O

落合恵美子　*1, 32, 130*
小田切紀子　*140*
岡本祐子　*53, 137*
岡村清子　*136, 137*
小野寺敦子　*70, 133*
大野祥子　*132*
Orlofsky, J. L.　*129*
長田久雄　*137*
小澤義雄　*6, 99*

P

Peterson, B. E.　*83*
Poutanen, O.　*119*
Proulx, C.　*98, 103, 119, 124, 132*

R

Raimo, K. R.　*119*
Robinson, L. C.　*58, 59, 63*
Rubin, Z.　*131*
Rusbult, C. E.　*31, 44, 130*
Ryff, C. D.　*6, 84*

S

相良順子　*3, 4, 8, 11, 17-21, 23, 24, 37-39, 47, 49, 52, 53, 58, 62-64, 70-72, 76-78, 91-93, 95, 98, 99, 103, 104, 116, 119, 120, 124, 131, 132, 134-139*
Sagara, J.　*53, 58, 71*
Saginak, K. A.　*53*
Saginak, M. A.　*53*
榊原富士子　*62*

瀬地山葉夫　*140*
Silver, N.　*70, 133*
下仲順子　*3, 6, 49, 99, 137, 139*
Smith, C. A.　*32*
Spanier, G. B.　*131*
Stanley, S.　*17*
Stewart, A. J.　*83*
菅原健介　*3, 103, 119, 140*
菅原ますみ　*3, 71, 103, 119, 131, 137, 140*
杉井潤子　*136*
鈴木敦子　*38*

T

田渕恵　*6, 7, 16, 84, 86-88, 93, 99*
高山緑　*6, 99*
詫摩紀子　*3, 71, 103, 119, 131, 138, 140*
玉里恵美子　*136*
田中國夫　*3*
豊田秀樹　*71*

U

宇都宮博　*4, 5, 17, 24, 31-33, 37, 40, 41, 44, 52, 58, 59, 62, 63, 78, 98-100, 104, 119, 130, 139*

V

Van Laningham, J.　*133*

W

若本純子　*2*
Wallace, K. M.　*131*
Whisman, M. A.　*120*

Y

八木下暁子　*3, 103, 119, 140*
山口一男　*2, 135*
余田翔平　*135*

著者紹介
伊藤裕子（いとう・ゆうこ）
文京学院大学人間学部教授。博士（心理学）。主著に，『夫と妻の生涯発達心理学』（分担執筆，福村出版，2016），『夫婦関係と心理的健康』（共著，ナカニシヤ出版，2014），『日本の夫婦』（分担執筆，金子書房，2014），『ジェンダー・アイデンティティ』（編著，至文堂『現代のエスプリ（別冊）』，2006），『ジェンダーの発達心理学』（編著，ミネルヴァ書房，2000）など。

相良順子（さがら・じゅんこ）
聖徳大学児童学部教授。博士（人文科学）。主著に，『保育の心理学［第3版］』（共著，ナカニシヤ出版，2018），『保育の現場で役立つ心理学』（共編著，アイ・ケイコーポレーション，2018），『夫婦関係と心理的健康』（共著，ナカニシヤ出版，2014），『図で理解する発達』（共著，福村出版，2010），『子どもの性役割態度の形成と発達』（単著，風間書房，2002）など。

中高年期の夫婦関係
結婚コミットメントとジェネラティヴィティの視点から

2019年2月20日　初版第1刷発行　　定価はカヴァーに表示してあります

　　著　者　伊藤裕子
　　　　　　相良順子
　　発行者　中西　良
　　発行所　株式会社ナカニシヤ出版
　　〒606-8161　京都市左京区一乗寺木ノ本町15番地
　　　　　　Telephone　075-723-0111
　　　　　　Facsimile　075-723-0095
　　　　　　Website　http://www.nakanishiya.co.jp/
　　　　　　Email　iihon-ippai@nakanishiya.co.jp
　　　　　　　　　　郵便振替　01030-0-13128

装幀＝白沢　正／印刷・製本＝西濃印刷㈱
Printed in Japan.
Copyright © 2019 by Y. Ito & J. Sagara
ISBN978-4-7795-1345-9

◎本書のコピー，スキャン，デジタル化等の無断複製は著作権法上での例外を除き禁じられています。本書を代行業者等の第三者に依頼してスキャンやデジタル化することはたとえ個人や家庭内の利用であっても著作権法上認められておりません。